Reinhard Witt

Mit Kindern in der Natur

Ideen – Wissen – Aktionen

Gedruckt auf umweltfreundlichem,
chlorfrei gebleichtem Papier

Umschlaggestaltung und -konzeption:
R•M•E Roland Eschlbeck / Rosemarie Kreuzer
Umschlagfoto: Albert Josef Schmidt, Freiburg
Alle Fotos im Innentitel von Reinhard Witt

Alle Rechte vorbehalten – Printed in Germany
© Verlag Herder Freiburg im Breisgau 2003
www.herder.de

Innengestaltung und Satz
smp – schmidt media production, Freiburg

Druck und Bindung:
fgb · freiburger graphische betriebe 2003
www.fgb.de
ISBN: 3-451-27766-2

Reinhard Witt

Mit Kindern in der Natur

Ideen – Wissen – Aktionen

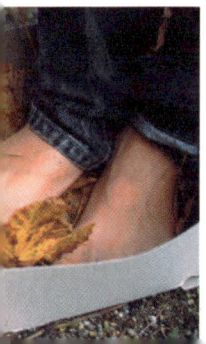

HERDER

FREIBURG · BASEL · WIEN

Inhalt

Herbst

Winter

Vorwort

Kinder, die bei einem Spaziergang einen Bach entdecken, werden nicht nur mit Begeisterung im und am Wasser spielen. Sobald sie entdeckt haben, dass etwas in diesem Bach und an seinen Ufern lebt, werden sie diesen Lebensraum voller Tatendrang untersuchen. Auch das Lesen von Tierspuren bietet neben dem Spaß an der detektivischen Arbeit Raum für das Erfinden von Geschichten rund um die Entstehung dieser Spuren. In der Natur kommt auch die Bewegung nicht zu kurz: Auf Bäume klettern, über Gräben hüpfen oder der Spur eines Kaninchens folgen, sind nur einige Beispiele für Bewegungen, die sich draußen von ganz allein ergeben.

Die Natur eröffnet einen unerschöpflichen Raum zum Spielen, Experimentieren, Lernen und Entspannen, und nicht zuletzt für Abenteuer. Das ermöglicht Erzieherinnen und Eltern, Kinder in ihrer körperlichen, geistigen und seelischen Entwicklung zu unterstützen und gleichzeitig Begeisterung für dieses schöne und wichtige Thema zu wecken. Neben den essentiellen Erfahrungen, die Kinder sammeln, gibt es noch einen wichtigen Grund, mit ihnen die Natur zu erleben: Kinder, die einen positiven Bezug zur Natur haben, werden auch als Erwachsene verantwortungsvoll mit ihr umgehen.

Dieses Buch bietet Ihnen Anregungen und Vorschläge für Naturerlebnisse, die Sie mit den Kindern ganz individuell und situationsabhängig gestalten können. Darüber hinaus wird Ihnen Wissen über die heimische Tier- und Pflanzenwelt vermittelt, das Lust macht, sich aktiv am Schaffen und Bewahren heimischer Biotope zu beteiligen.

Das Buch ist in fünf Kapitel unterteilt, je eines für jede Jahreszeit und eins für Angebote, die in allen Jahreszeiten möglich sind. Außerdem ist bei jeder Aktion übersichtlich Ziel, Alter, Teilnehmerzahl, Zeitaufwand, Ort und benötigtes Material angegeben. Diese Vorgaben stellen lediglich ungefähre Richtwerte dar, da der Ablauf der Aktionen je nach Situation, Motivation und Fantasie der Teilnehmer variierbar ist.

Ich danke allen Kindern und Eltern, die mit mir gemeinsam ein Stück dieses lebendigen Weges gegangen sind und wünsche allen

Viel Spaß in der Natur!

Pfadfinder

Auf der Spur der Natur

Typ: beobachten und forschen, mit Sinnen erfahren
Thema: einen gekennzeichneten Weg finden
Ziel: hinschauen lernen
Jahreszeit: im Winter nur begrenzt durchführbar
Alter: ab 5 Jahre
Teilnehmerzahl: ab 4
Zeitaufwand: 1 Stunde
Ort: Park, Wald
Material: Schere oder Taschenmesser

„Ich sehe was, was du nicht siehst." Dieses Spiel verlieren Erwachsene häufig gegen Kinder. Das liegt daran, dass Kinder in der Regel Entdecker sind. Sie sind, einmal eingestimmt auf das Thema, unschlagbar bei Naturbeobachtungen. Die grüne Raupe auf dem ebenso grünen Blatt entgeht ihren Falkenaugen nicht. Sie zeigen uns den Käfer am Boden, über den wir gerade achtlos erhobenen Hauptes trampeln wollten. Oder sie enttarnen die passend rotbraun gefärbte Spinne auf dem Laubblatt.

Kindern macht es einen Riesenspaß, Entdecker zu spielen. Nutzen wir das Sehen-Wollen und Sehen-Können und gehen mit ihnen auf Abenteuerreise. Schenken wir ihnen ein kleines großes Abenteuer beim Pfadfinderspiel. Es geht darum, einen Weg zu finden, der mit Naturzeichen in nicht zu auffälliger Weise markiert ist. Dazu bedarf es nicht vieler Vorbereitungen. Das Wichtigste ist, sich ein Ziel zu überlegen, zu dem die Spurensuche führen soll. Das wiederum hängt vom Gelände ab. Es sollte etwas sein, das sich vom Umfeld abhebt. Sehr schön sind Naturdinge, wie eine besondere Blume am Waldboden oder ein morscher Baum. Auch könnte sich am Ende der Suchstrecke etwas Bestaunenswertes offenbaren, wie ein großer Pilz, die Quelle eines Baches, vielleicht sogar ein Höhleneingang im Fels. Wieder andere Ziele sind verborgene Überraschungen aus dem Reich der Tiere. Das leere Vogelnest im Gebüsch oder ein eingesponnenes Nest voller Raupen belohnen eine Suche ebenso wie der krabbelige Ameisenhaufen. Wer kein natürliches Ziel findet, kann auch ein künstliches schaffen. Etwa die berühmte Schatzkiste, im Laub vergraben, in eine Baumhöhle versteckt und mit Kleinigkeiten gefüllt.

Das Areal sollte groß genug sein, damit die Kinder richtig laufen und auch einmal vom Weg abkommen können. Die Wegstrecke darf ruhig einige hundert Meter umfassen. Ein Garten ist dafür in der Regel zu überschaubar und zu klein. Besser sieht es mit einer Grünanlage oder dem Wald aus. Je unübersichtlicher das Gelände, umso spannender wird die Abenteuerreise auf den Spuren von Winnetou. Jetzt sind Sie dran. Die Vorbereitung erfordert eine halbe Stunde Zeit. Am besten läuft der Pfad querfeldein, über Stock und Stein. Aus Naturzeichen wird ein Weg gelegt. Zum Markieren der Richtung eignen sich Steine, Stöcke oder Blätter. Man kann es kleineren Kindern einfach machen und gut sichtbare Pfeile legen, die in die Laufrichtung weisen. Andersfarbige Steine und große Stöcke werden schnell

erkannt. Auch lassen sich Pfeile in weichen Boden einritzen. Größere Kinder dürfen auch schwerere Anforderungen bewältigen. So kann man beispielsweise aus den Blättern der Umgebung farblich gut angepasste Pfeile zusammenlegen. Oder man schneidet in ein großes Blatt, wie das von Pestwurz oder Haselnuss einen Richtungspfeil ein.

Noch schwieriger wird es, wenn das Blatt an der Pflanze hängen bleibt. Bei älteren und sehr scharfsichtigen Kindern ist es sinnvoll, nicht alle Pfeile am Boden anzubringen, sondern dazu auch Baumstämme, Sträucher und Stauden am Wegesrand zu nutzen. Auf jeden Fall haben Sie als Spurenleger einen sehr verantwortungsvollen Job. Denn Sie müssen immer die Sichtweise und Augenhöhe der Kinder im Blick behalten. Wie weit die Wegmarkierungen voneinander entfernt sind, hängt vom Alter der Kinder und dem Gelände ab. Ist es sehr unübersichtlich und sind die Kinder jünger, braucht man viele solcher Markierungen. Aufgepasst: In jedem Fall muss immer dann ein neuer Pfeil zu finden sein, wenn die Richtung sich ändert. Bevor es losgeht, üben die Kinder eine kleine Runde Indianerpirsch. Das heißt langsam, im Anschleichschritt. Außerdem wird nur derjenige Spurensucher erfolgreich sein, der mit adlerscharfem Blick alle ungewöhnlichen Dinge links und rechts erkennt. Es kommt schließlich darauf an, Veränderungen festzustellen.

Nach der langsamen Einstimmung schleichen die Kinder wie echte Rothäute durch den Wald. Der Spurenleger folgt ihnen in einigem Abstand und hilft, wo es nötig wird, mit dezenten Hinweisen. Schließlich wird im Jagdfieber doch vielleicht mal ein Wegzeichen übersehen oder überrannt. Viel zu schnell ist das Ziel gefunden und die „Jagd" ist schon zu Ende.

Mitnichten! Nun legen die Kinder einen Pfad und schicken die Erwachsenen weg. Nein, nicht in die Wüste. Dafür aber in den Wald.

Ökorallye

Spaß mit der Natur

ÖKO- Ralley

5) Gruppennamen: Hotzudot

Punkte

1. Blätter raten
2. Wald zirkus — 10
3. Fußkönig
4. Tannenzapfen werfen — 6
5. Duftstation — 9
6. Tier puzzle — 10
7. Stimmt das? — 10
8. Turmbau zu Babel — 10

Viel Glück

Typ: beobachten und forschen, mit Sinnen erfahren, spielen
Thema: spielerisch mit der Natur umgehen
Ziel: Spaß an der Natur haben
Alter: ab 5 Jahre
Teilnehmerzahl: ab 6
Zeitaufwand: 1-2 Stunden
Ort: Garten, Park, Wald
Material: diverses, je nach Auswahl der Stationen

Diese Ökorallye ist ein ganz besonderes Geburtstagsgeschenk. Sie schenken damit Zeit, Spaß und ein tolles Naturerlebnis.

Sie ist aber nicht nur gut für einen Kindergeburtstag geeignet, sondern lässt auch Kindernachmittage wie im Flug vergehen. Und natürlich passt so etwas zu der Mir-ist-soooo-langweilig-Stimmung in den Ferien. Auch wer einmal einen spannenden und gleichzeitig lehrreichen Nachmittag mit und in der Natur verbringen will, hat etwas davon.

Bei der Ökorallye sollten mindestens sechs Kinder mitmachen, damit es richtig Spaß macht. Zuerst werden die Gruppen ausgelost. Dazu macht man Lose mit Gruppennamen. In einer Gruppe können zwei oder drei Mitspieler sein. Der weitere Verlauf hängt von ihrer individuellen Gestaltung der Öko-rallye ab. Die Ökorallye besteht aus verschiedenen einzelnen Stationen, bei denen es Punkte zu gewinnen gibt. Was für Stationen Sie auswählen, ergibt sich aus dem Platz und den Möglichkeiten, die Ihnen zur Verfügung stehen – und aus Ihrer Fantasie. In diesem Buch finden sich zahlreiche Ideen. Wie wäre es mit einer Duftstation? Oder einer Fühlaufgabe? Oder mit einem Blätterratespiel? Mit einer Balancieraufgabe über Seil oder Baumstamm? Draußen in der Natur, im Wald, im Garten warten genug Aufgaben. Am besten ist es, die einzelnen Stationen über das Gelände zu verteilen. Der Weg muss ebenfalls markiert sein.

Mit Stöckchen oder Steinen kann man Pfeile auf den Boden legen und so die Reihenfolge der Stationen markieren. Dann braucht man nur noch einen Laufzettel je Gruppe, auf dem die Stationen und die erreichten Punkte eingetragen werden. Außerdem benötigt man eine „Stationsbetreuung" durch Erwachsene. Auch ältere Kinder können als Standbetreuer und „Erfinder" von Aufgaben eingesetzt werden. Die Vorbereitung kostet Zeit. Aber der Spaß ist dann umso größer.

Tipp: Stationen für die Rallye

Naturmemory (S.15)
Düfte aus 1001 Nacht. (S.19)
Mr. Feelgood (S.20)
Sinnespfad (S.21)
Turmbau am See (S.28)
Blind Ziellaufen (S.25)
Biobasketball (S.26)

Naturmemory

Mit offenen Augen

Typ: beobachten und forschen
Thema: Naturdinge suchen und finden
Ziel: bewusst wahrnehmen und erkennen
Alter: ab 5 Jahre
Teilnehmerzahl: ab 2
Zeitaufwand: 1/2 Stunde
Ort: Garten, Park, Wald
Material: Tuch oder Papier als Unterlage, Sammelbeutel,
Naturmaterialien wie Moos, Steine, etc.

Ein einfaches, aber sehr wirkungsvolles Naturerfahrungs-Spiel. Nahezu ortsunabhängig braucht es nur wenige Minuten Vorbereitung. Aber es fesselt Kinder aller Altersstufen lange Zeit. In einem bestimmten Gebiet sammelt man einige Naturmaterialien ein: Moos, Steine, Stöcke, verschiedene Blätter, Früchte, etc., was die Umgebung so zu bieten hat. Es reicht jeweils ein Exemplar, mehrere schaden jedoch nicht. Diese Materialien sollten im Umkreis wieder zu finden sein. Man legt die Gegenstände auf ein Tuch oder Papier und deckt sie zu Spielbeginn ab. Danach werden sie für eine Minute aufgedeckt. Ziel des Spiel ist es, innerhalb einer gesetzten Frist (5–30 Minuten) möglichst viele der auf dem Tuch liegenden Gegenstände aus der Umgebung herbeizubringen. Entweder sucht jeder für sich allein oder man bildet Gruppen, die gegeneinander antreten. Die Schwierigkeit des Spiels ist in Abhängigkeit von Alter und Umgebung zu steigern. 10 verschiedene Dinge dürfen es bei jüngeren Kindern sein, 20 und mehr bei älteren. Bei jüngeren Kindern sollte der Suchraum nicht über einen Radius von 30 m hinausgehen, bei älteren darf es die Sicht- bzw. Rufweite sein (ein Radius von etwa 200 m). Auch die Umgebung spielt eine Rolle. Hohe natürliche Vielfalt (wilder Wald) erschwert die Suche, während ein übersichtlicher Stadtpark oder ein Garten sie erleichtert.

Die Auswertung zeigt nicht nur, wie gut Kinder sich etwas merken können, sondern auch, wie genau sie hingeschaut haben. Blätter, Früchte, Steine können sehr verschieden aussehen. Spielt man Naturmemory öfter, steigern sich die Kinder: Sie werden mit natürlichen Fundorten vertrauter und wissen besser zu differenzieren. Es kann vorkommen, dass die Kinder voller Begeisterung falsche Dinge gesammelt haben. Mit etwas Kreativität und Fantasie wissen wir diese pädagogische Hürde zu nehmen.

Rätselbilder

Ist es ein Tier?

Typ: spielen
Thema: Tiere und Pflanzen raten
Ziel: Wissen erlangen und einsetzen
Alter: ab 7 Jahre
Teilnehmerzahl: ab 2
Zeitaufwand: 15 Minuten
Ort: Haus, Garten, Park, Wald, Wiese
Material: Postkartensatz mit bekannten Tieren und
Pflanzen, Wäscheklammern

Ein lustiges Ratespiel, das viel über uns und die Natur sagt. Zunächst brauchen wir Fotos von Tieren und Pflanzen. Entweder hat man schon solche Postkarten oder man sammelt oder kauft sie. Mit 20–30 verschiedenen Motiven kommt man schon recht weit. Sie werden auf der Rückseite mit dem Namen des Lebewesens beschriftet. Gespielt wird immer zu zweit, so dass sich das Spiel für kleine und auch große Gruppen gut eignet. Die Spielregeln sind kinderleicht. Dem einen Partner wird das Foto, ohne dass er es sieht, mit Wäscheklammern am Rücken befestigt. Der andere steht hinter ihm. Der Rätselnde muss nun durch geschicktes Fragen herausbekommen, um welches Lebewesen es sich handelt. Der andere darf aber nur mit nein oder ja antworten, er sollte darüber hinaus keine weiteren Erklärungen oder Kommentare abgeben. Somit kommt es stark darauf an, welche Fragen gestellt werden. Jüngeren Kindern darf man vorher ein paar grundsätzliche Hilfen geben, die schnell den Kreis der Rätselwesen einengen: Fragen nach Pflanze oder Tier, Größe, Anzahl der Füße, nach Flügeln, nach der Haut (Fell, Schuppen), nach Farbe oder Nahrung helfen weiter. Gerät das Ratespiel ins Stocken, kann der Erwachsene leichte Hilfen geben. Auch kann es notwenig sein, beim Antworten zu helfen. Um auf eine Frage definitiv ja oder nein sagen zu können, muss man manchmal schon recht viel wissen.

Es ist erstaunlich, wie schnell und genau selbst jüngere Kinder das Ziel erreichen. Es hängt von der Altersgruppe ab, wie schwierig die Karten sein sollten. Es ist selbstverständlich, dass sich die Kinder mit dem Raten abwechseln …

Tipp: Rätselmotive

Für Kinder von 7-10
Pferd, Kuh, Ziege, Maikäfer, Specht, Möwe, Schwalbe, Amsel, Tulpe, Lilie, Kröte, Frosch, Buche, Wildschwein, Rotkehlchen, Fischotter, Molch, Reh, Margerite, Löwenzahn, Storch, Hirsch, Eule, Igel, Rose, Glockenblume

Ältere Kinder
Hier darf stärker differenziert werden, z.B. verschiedene Spechtarten (Grünspecht, Schwarzspecht, Grauspecht, Weißrückenspecht…)

Düfte aus 1001 Nacht

Lauter duftende Dinge

Typ: mit Sinnen erfahren
Thema: bewusst riechen
Ziel: verschiedene Gerüche unterscheiden
Alter: ab 5 Jahre
Teilnehmerzahl: ab 4
Zeitaufwand: 1/2 Stunde
Ort: Haus, Garten, Park, Wald
Material: duftende Kräuter, Gewürze, Zwiebeln, Walderde, etc., Augentücher, Schälchen oder Gläschen

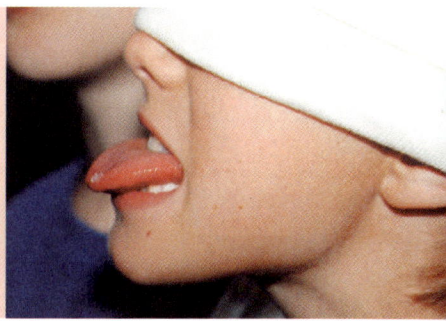

Immer der Nase nach. Im Garten, im Wald, auf der Wiese und in der Küche gibt es unzählige Sachen, die einen ganz bestimmten Duft haben. Zwiebeln, Senf, Curry, Ketchup, Pfeffer, Basilikum, Käse, Salami, Kakao, feuchte Erde, Moos, Baumrinde, Blumen, Minzeblätter oder andere Duftpflanzen. Damit der Geruch mit der Zeit nicht verfliegt, gibt man die Rätseldüfte am besten in kleine verschließbare Gläschen oder Schälchen, die mit Folie abdeckt werden. Selbstverständlich werden den Rätselriechern die Augen verbunden. Und dann geht's los: Es wird geschnüffelt und geraten. Falls vorhanden, kann man auch mit natürlichen Duftölen arbeiten, von denen viele jedoch schwerer zu identifizieren sind, als echte Naturstoffe. Das Düfte-Erkennen kann auch als Wettbewerb zwischen verschiedenen Kleingruppen laufen, wobei die eine der anderen ihre Auswahl präsentiert.

Tipp: Geschmacksproben

Ganz nah verwandt und ebenso sinnlich ist das Schmecken verschiedener Stoffe. Kindern mit verbundenen Augen werden kleine Proben verschiedener intensiv schmeckender Stoffe auf die Zunge gegeben: Senf, Salz, Zucker, Mehl, Essig, Speiseöl, Ketchup, Kakao, Käse, Apfel, Birne, Erdbeeren.

Mr. Feelgood

Das fühlt sich weich an

Typ: mit Sinnen erfahren
Thema: bewusst tasten
Ziel: differenziert fühlen
Alter: ab 5 Jahre
Teilnehmerzahl: ab 4
Zeitaufwand: 1/4 Stunde
Ort: Haus, Garten, Park, Wald
Material: Augentücher oder Fühlkiste
(auch mit Löchern), Naturmaterialien oder
Haushaltsgegenstände

Dinge aus der Natur können ganz schön rätselhaft sein. Vor allem, wenn man nichts sieht. Also erst einmal werden die Augen mit einem Halstuch oder einer Augenbinde verbunden. Dann bekommen die Rätselfreunde Naturmaterialien oder Gegenstände aus dem Haushalt gereicht, die sie mit den Händen erforschen. Die Rätselaufgaben finden sich in Küche, Garten oder Natur: Nudeln, Korken, Bierdeckel, Schrauben, Federn, Steine, Blätter, Moos, Erde, Zweige, Zapfen, Früchte, etc. Wer eine Fühlkiste hat, kann selbstverständlich auf die Augenbinde verzichten. So eine Fühlkiste ist schnell gemacht: In einen Schuhkarton oder eine größere Holzkiste mit Deckel werden an der einen Seite zwei armgroße Löcher gesägt oder gebohrt. Innen sind zwei Stofftücher angetackert, die das Loch verhängen. Eine Fühlprobe wird in die Kiste gelegt und von dem Ratenden durch die Löcher ertastet. Die Fühlproben lassen sich so schnell auswechseln. Variation: Baut man eine Trennwand in die Kiste ein, so können links und rechts unterschiedliche Dinge betastet werden. Jüngere Kinder dürfen auf der linken Seite das gesuchte Objekt einzeln spüren, um es rechts aus einer großen Menge ähnlicher Objekte gezielt herauszusuchen.

Sinnespfad

So weit die Füße fühlen

Typ: mit Sinnen erfahren
Thema: bewusst erspüren
Ziel: differenziert fühlen,
Erdverbundenheit aufbauen
Alter: ab 5 Jahre
Teilnehmerzahl: ab 1
Zeitaufwand: 1/4 Stunde
Ort: Haus, Garten, Park, Wald
Material: Pappkartons, Naturmaterialien

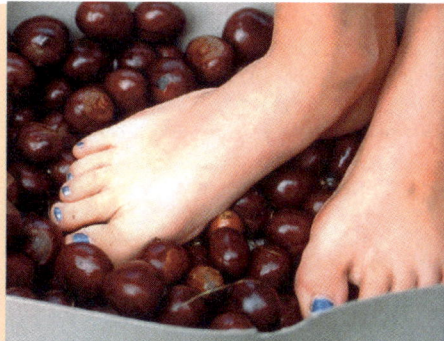

Etwas Sinnliches für vernachlässigte Füße. In einige alte Schuhschachteln oder einfach auf den (Garten-) Boden werden verschiedene Untergründe gelegt. Man kann alles verwenden, was man hat oder leicht besorgen kann: Kieselsteine, Splitt, Erde, Lehm, Gras, Sand, Blätter, Papier, Holzhäcksel, Rindenmulch, Moos. Zunächst muss man sich eine Teststrecke aus mindestens fünf unterschiedlichen Stationen überlegen. Verbundenen Auges und barfuß gehen die Kinder die Teststrecke ab und raten, was die Füße fühlen. Kleinere Kinder führt man an der Hand vorsichtig heran,

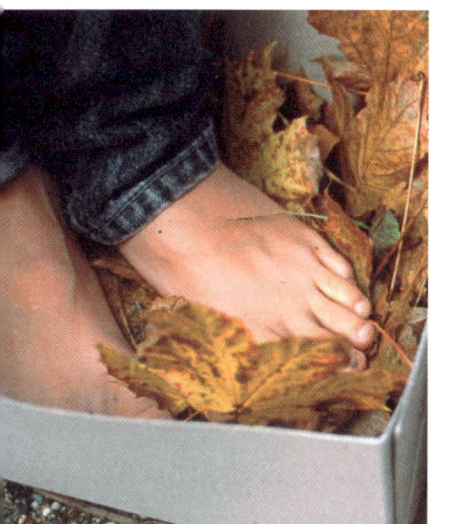

größere brauchen weniger Hilfe. Wer gerade bei der Geländegestaltung ist, kann auch einen richtigen Fußfühlpfad bauen. In verschiedene, mit Holz oder Stein abgetrennte Abteile, werden die einzelnen Naturmaterialien gegeben. Nach einigen Monaten sollte man den Inhalt erneuern bzw. verändern.

Blinde Reise

Immer dem Seil nach

Typ: mit Sinnen erfahren
Thema: Vielfalt anders erfahren
Ziel: einfühlsam werden
Alter: ab 5 Jahre
Teilnehmerzahl: ab 6
Zeitaufwand: 30 Minuten
Ort: Garten, Park, Wald
Material: Seil von 30 oder mehr Metern Länge,
Augentücher oder Klappen

Die Blinde Reise ist ein ruhiges und gleichzeitig spannendes Sinnesspiel. Zur Vorbereitung wird ein Seil über eine bestimmte Strecke gespannt. Die Kinder dürfen nun durch ein geheimnisvolles Land voller seltsamer Geräusche, fremder Gerüche und ungewöhnlicher Gegenstände reisen. Die Kinder stehen hintereinander und halten sich mit einer Hand am Seil fest. In Abständen von 1–2 Minuten werden sie mit verbundenen Augen und ohne zu sprechen einzeln am Seil entlang losgeschickt. Sie sollen mit den Händen alle erreichbaren Dinge ertasten. Dabei müssen sie auf einer Seite des Seils bleiben. Mit kleineren Kindern kann man das bereits daheim im Garten machen. Größere können die blinde Reise in unbekannter Natur unternehmen. Je vielfältiger das Areal ist, umso reichhaltiger die Erfahrungen. Am schönsten ist ein verwilderter Wald mit Moosen, Blättern, Baumstümpfen, Licht und Schattenzonen. Auch Übergangsbereiche sind spannend, wie Wiese und Wald oder Wege und Wald. Ein guter Pfad ist so angelegt, dass er das Potential der Umgebung nutzt, er führt etwa zu einem Baum, in die Äste eines Strauches, geht zum Boden ins Moos, verlässt den Schatten und streift über eine Lichtung, kommt an eine feuchtere Stelle, berührt einen Steinhaufen, streicht an verschiedenen Bäumen entlang. An besonderen Punkten kann man einen Knoten ins Seil binden, was heißt: aufmerksam im Umfeld suchen, hier ist etwas Besonderes. Es lassen sich mit Seilstücken auch Seitenwege ziehen, etwa zu einem morschen Baumstumpf.

Angesprochen werden Tastsinn, Gehör und Geruchssinn. Die Sinnesein-
drücke wechseln und ein nur 30 m langer Weg wird zu einer Reise durch
Sinneswelten: Vogelstimmen, Windrauschen, erdige Düfte, knorrige Äste,
feuchtes Moos, raue und glatte Steine, das alles ergibt ein wunderbares Bild.
Im Abschluss wird in großer Runde das Naturerlebnis besprochen und
anschließend gehen alle den Seilweg offenen Auges zurück.

Blind führen

Ganz im Vertrauen

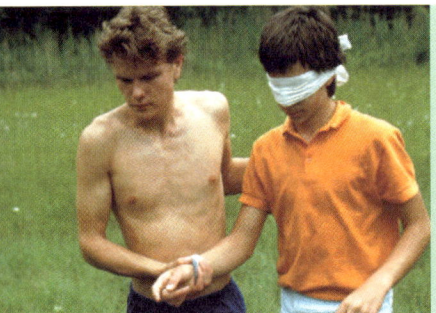

Typ: mit Sinnen erfahren
Thema: einen Lebensraum blind kennen lernen
Ziel: einfühlsam werden, Vertrauen zu anderen fassen
Alter: ab 3 Jahre
Teilnehmerzahl: ab 2
Zeitaufwand: 1/4 bis 1 Stunde
Ort: Garten, Park, Wald
Material: Augentücher oder Klappen

Noch eine ruhige Spielidee. Blind führen eignet sich für kleinere und größere Gruppen. Minimum sind zwei bis vier Mitspieler, nach oben gibt es keine Grenzen. Es bilden sich Zweiergruppen, die absprechen, wer zuerst Blinder und wer Führender ist. Bei geeignetem Wetter laufen beide barfuß. Aufgabe des Führenden ist es, dem Blinden die Gegend zu zeigen, ohne zu sprechen. Er fasst ihn dabei an der Hand oder am Arm und führt ihn sehr langsam umher. An geeigneten Stellen hält er an und führt ihn mit den Händen, so dass Bäume, Büsche, Felsen, Moos, Blätter oder Blumen ertastet werden können. Dann geht es weiter. Zum besseren Verständnis der unbekannten Welt gehört der Geruch mancher Dinge, also reicht der Führende dem Blinden etwa zerriebene Blätter, Erde oder Blumen zum Schnuppern. Auch zu hören kann es etwas geben: Windrauschen, Wasser, Autos. Das Ganze ist ein Spiel gegen die Ungeduld, denn während der ganzen Reise sollte nicht gesprochen werden. Hindernisse auf dem Weg werden nicht erklärt, sondern durch behutsames Heranführen gemeistert. Wie viel Zeit man vorgibt, ist vom Alter und der Vielfalt der Gegend abhängig. Auch jüngere Kinder halten schon eine Viertelstunde durch, ältere schaffen es länger. Hinterher ist es schön, sich zusammenzusetzen und die Erlebnisse zu besprechen. Eine Viertelstunde blind geführt zu werden, erscheint den Kindern schnell wie eine ganze Stunde. Danach wird noch gewechselt, so dass jeder einmal Führender und einmal Blinder war.

Blind Ziellaufen

Trau dich

Typ: mit Sinnen erfahren
Thema: eine bekannte Strecke blind gehen
Ziel: Vertrauen zu sich selbst finden
Alter: ab 3 Jahre
Teilnehmerzahl: ab 4
Zeitaufwand: 5 Minuten
Ort: Garten, Park, Wiese
Material: Augentücher oder Klappen

Am besten eignet sich ein übersichtliches, gefahrloses Gelände von einiger Größe. Eine gemähte Wiese oder Rasenfläche ist optimal. Je nach Alter der Kinder legt man auf diese Fläche einen Rucksack, Beutel oder etwas Ähnliches. Das ist das Ziel. Von einem vorher festgelegten Punkt, der in einiger Entfernung zum Ziel liegt, startet eines der Kinder mit verbundenen Augen und läuft so lange, bis es glaubt, ungefähr beim Zielpunkt angekommen zu sein. Dann nimmt es die Binde ab und beobachtet die anderen Mitläufer, die nacheinander starten. Das sieht ja ganz einfach aus. Aber es besteht eine große Diskrepanz zwischen sehend und blind gehen. Denn: Wann ist man da? Wie viele Meter bzw. Schritte sind es? Ist das die richtige Richtung? Bin ich schon zu weit? Wie gehen die anderen? Das alles sind Unsicherheiten, denen Kinder wie Erwachsene ausgesetzt sind. Für jüngere Kinder sollte man eine kurze Strecke wählen (10 m), älteren jedoch können durchaus 40-50 m zugemutet werden. Erst dann zeigt sich, wie gut das Einschätzen von Entfernung und das Körpergefühl sind. Eine Hilfe für jüngere Kinder: Die Strecke vorher mit offenen Augen abgehen und die Schritte zählen. Man darf auch Tipps geben oder Fragen stellen: Wie erkenne oder behalte ich eine Richtung bei, wenn ich nichts sehe? Die Sonne auf dem Gesicht, der Wind von der Seite, Geräusche von Straßen oder Menschen helfen orientieren. Es ist ein denkbar einfaches Spiel. Und doch fordert es viel Mut und Selbstvertrauen. Genau das können Kinder hier üben.

Biobasketball

Wer macht den Korb voll?

Typ: spielen
Thema: Gegenstände in ein Ziel werfen
Ziel: zielen und werfen üben
Alter: ab 6 Jahre
Teilnehmerzahl: ab 6
Zeitaufwand: 1/2 Stunde
Ort: Garten, Park, Wald
Material: Weidenkorb, Wassereimer oder Reifen, Schnur, Naturmaterialien zum Werfen

Ein Wurf- und Geschicklichkeitsspiel, bei dem es darum geht, seine Treffsicherheit zu verbessern. Der Fangkorb besteht aus einem Weidenkorb oder Wassereimer, der am Baum, Strauch oder Geländer festgebunden wird. Je nach Alter und Geschicklichkeit kann er auch über Kopfhöhe gehängt sein. Die Wurfmaterialien sind Dinge aus der Natur: Kieselsteine, Fichtenzapfen, Kastanien, Eicheln – eben, was man gerade findet. Zuerst werden diese in ausreichender Zahl mit den Kindern gesammelt. Ein Spieler sollte mindestens 10 Würfe bestreiten können, also benötigt man schon für eine kleine Gruppe etwa 50-60 Wurfobjekte. Größere Gruppen kommen ebenfalls mit dieser Menge Wurfobjekte aus. Zuerst dürfen alle erst mal ein paar Würfe üben. Doch dann geht es um Punkte. Wie viele von 10 Würfen landen im Korb? Hier kann man verschiedene Gruppen gegeneinander spielen lassen oder einzelne Kinder. Für ältere Kinder kann man die Aufgabe erschweren, indem man den Fangkorb so hängt, dass vorher über einen Ast oder durch eine Astgabel geworfen werden muss. Auch ein am Baum montierter Hula-Hoop-Reifen kann Ziel der Würfe sein.

Artisten gesucht

Immer geradeaus

Typ: spielen
Thema: auf Baumstämmen balancieren
Ziel: Gleichgewichtssinn trainieren
Alter: ab 3 Jahre
Teilnehmerzahl: ab 4
Zeitaufwand: 10 Minuten
Ort: Garten, Park, Wald, Wiese
Material: 10 m langes Seil oder Kordel

Bei diesem Spiel geht es darum, das Gleichgewicht zu halten. Vielleicht findet man beim Abenteuerspaziergang im Wald einen umgestürzten oder gefällten Baumstamm, auf dem man gefahrlos balancieren kann. Er sollte nicht höher als einen Meter sein. Man kann auch ein Brett oder einen Balken verwenden. Notfalls tut es eine dicke Kordel oder ein Seil, das sich wenigstens 10 Meter am Boden ringelt. Dieses legt man dann im Garten oder auf einer Wiese aus. Zum Einüben wird erst einmal so balanciert, als Trockenübung auf dem Erdboden. Spielen Sie mit den Kindern Meister Adebar und stehen Sie wie ein Storch eine Zeit auf einem Bein, dann auf dem anderen. Dabei wird nach dem Vorbild der Seiltänzer mit den Armen ausbalanciert. Als Nächstes hüpfen alle ein Stück auf einem Bein vorwärts und wechseln dann auf das andere. Vorsichtig, eventuell mit seitlicher Hilfestellung durch Erwachsene, wird jetzt im freien aufrechten Gang auf dem Baum balanciert. Als Unterstützung könnte ein langer Ast dienen, den wir wie eine Balancestange artistengleich einsetzen. Später kann zusätzlich ein gekochtes Ei oder – materialschonender – ein Tischtennisball im Esslöffel getragen werden. Jeder Fehltritt oder Absturz verringert das Pluspunktekonto. Erschwernis für ältere Kinder: Es geht darum, in einer bestimmten Zeit möglichst viel hin- und herzutragen. Da Kinder gern und immer wieder balancieren, sollte ein Baumstamm im naturnahen Garten oder Außengelände des Kindergartens nicht fehlen (siehe Geländegestaltung, S. 82).

Turmbau am See

Stein auf Stein

Typ: spielen
Thema: Steine möglichst schnell aufschichten
Ziel: Fingerfertigkeit üben
Jahreszeit: im Winter nur bedingt möglich
Alter: ab 3 Jahre
Teilnehmerzahl: ab 4
Zeitaufwand: 10 Minuten
Ort: Garten, Park, Wald, Wasser
Material: Kieselsteine oder andere Steine

Dies ist ein schnelles Spiel, das großen Spaß macht. Am Ufer eines Baches, Flusses oder Sees oder in einer Kiesgrube werden flache Steine eingesammelt. Jeder sucht dabei für sich 10 bis 20 Stück. Die Steine werden zum „Spielfeld" getragen. Dafür eignet sich eine einigermaßen ebene Fläche, vielleicht auch ein Uferweg. Hier beginnt der Turmbau. Auf ein Startzeichen hin geht es los: Eine Minute lang werden Steine aufeinander gestapelt. Gewonnen hat das Kind, dessen Steine den höchsten Turm ergeben, ohne zusammenzustürzen. Bei diesem Spiel geht es nicht allein um Schnelligkeit, viel wichtiger ist vielmehr sorgfältiges Arbeiten. Nur wer die Steine so setzt, dass sie auf ihrem Mittelpunkt ruhen, wird einen hohen Turm zu Stande bringen. In der Ruhe liegt die Kunst! Das Spielchen ist beliebig variierbar: So kann man Paare gegeneinander antreten lassen, wobei die Partner die Steine abwechselnd aufstapeln müssen. Die Kinder können auch in Gruppen gegeneinander antreten.

Abenteuerspaziergang

Kreuz und quer - feldein

Typ: beobachten und forschen, mit Sinnen erfahren, spielen
Thema: spontaner Natur-Erlebnis-Spaziergang
Ziel: Tiere und Pflanzen entdecken, kreativ sein
Alter: ab 3 Jahre
Teilnehmerzahl: ab 1
Zeitaufwand: 1-2 Stunden
Ort: Wald, Wiese, Wasser
Material: alte oder strapazierfähige Kleidung

Das ganze Jahr ist gut für Abenteurer. Die richtige Zeit für ausführliche Spaziergänge querfeldein ist immer. Nicht auf langweiligen Wanderwegen laufen wir, sondern frei und ungebunden. Da geht es durch die Wiesen, wir schauen in Hecken hinein, vergessen dabei den Wald und die Baumgruppe im Feld nicht. Und auch an Bachrand oder Teichufer gibt es fast immer irgendeine Entdeckung zu machen. Hier sind es leere Muschelschalen auf einem Haufen, dort ein modernder Baumstamm. Manchmal finden sich auch Knochen oder Federn – Überbleibsel eines unbekannten Kampfes. Lassen Sie Ihre Fantasie spielen und erfinden Sie eine passende Geschichte hierzu. Damit der Ausflug auch so richtig spannend wird, versuchen wir eine Bachüberquerung. Zur Not werden schon mal die Hosen ausgezogen und es wird barfuß im kalten Wasser gewatet. Und: Wer schafft den Graben mit einem Sprung? Umgefallene Bäume laden zur Klettertour ein. Schon auf dem Baumteller einer Fichtenwurzel kann man toll herumkraxeln. Unser Blick gilt eben solchen Herausforderungen. Wir folgen dem Bachlauf durch hohes Schilf und versinken dabei mit den Gummistiefeln im Schlamm. Nasse Füße und dreckige, vielleicht sogar zerrissene Hosen sind durchaus drin. Die paar Kratzer von Brombeeren oder einem Rosendickicht am Arm oder Backe ehren den Abenteurer. Also lieber gleich was Altes anziehen, damit es hinterher keine Probleme gibt. Muss jemand gefragt werden, bevor man querfeldein geht?

Grundsätzlich nicht, Felder, Wiesen und Wälder dürfen von allen genutzt werden. Zum Abenteuer-Spaziergang gehört dennoch ein gutes Maß an Rücksicht. Auf die langsamsten und furchtsamsten der Gruppe, die vielleicht noch nicht so mutig und schnell sind wie der Rest. Und die sich noch nicht zu springen trauen, wo die anderen längst hüpfen. Hier geht nichts mit Zwang, dafür aber mit Liebe und Verständnis. Beim nächsten Abenteuer-Spaziergang klappt es bestimmt schon ein bisschen besser. Mit der Zeit wächst der Mut und das Zutrauen. Rücksicht nehmen muss man natürlich auch auf die Natur. So sollte man in der Hauptbrutzeit der Vögel zwischen März und Mai dichte Gebüsche und Gewässerränder meiden. Und wenn einmal ein Tier oder gar ein Tierbaby gefunden wird, dann heißt es: Kurz anschauen und dann schnell weitergehen. Nicht anfassen. Scheinbar „verlassene" Jungvögel sind in der Regel noch in Obhut der Eltern, die sie füttern und versorgen. Und noch eines ist eigentlich klar: Naturschutzgebiete und ähnlich wertvolle Landschaftselemente queren wir nur auf dafür vorgesehenen Wegen. Und dass man nicht die hohe Wiese oder das Kornfeld des Bauern niederwalzt, sollte selbstverständlich sein.

Wer sucht, der findet

Mit offenen Augen unterwegs

Typ: beobachten und forschen, mit Sinnen erfahren, spielen
Thema: Suchspaziergang
Ziel: Naturdinge suchen und zuordnen
Alter: ab 8 Jahre
Teilnehmerzahl: ab 4
Zeitaufwand: 1-2 Stunden
Ort: Garten, Park, Wald, Wiese, Wasser
Material: Suchliste für Naturdinge, Stifte zum Abhaken der gefundenen Dinge, Tragebeutel oder Rucksack für die Sammler

Dies ist ein altes Natur-Erfahrungs-Spiel, aber eines der besten. Auf einem längeren, geruhsamen Familienspaziergang, dem Ausflug mit der Kindergruppe oder als Auftrag für einen Naturnachmittag lässt sich diese Aufgabenliste (S.32) einsetzen. Sie dient jedoch nur als Beispiel, man sollte sie örtlichen Gegebenheiten und Jahreszeit anpassen und gegebenenfalls kürzen oder verlängern. Einzelne Kinder oder auch Kleingruppen von 2-3 werden beauftragt, im Laufe einer bestimmten Zeit (1/2 bis 2 Stunden) möglichst viele Naturdinge zu finden. Nach dem großen Suchen trifft man sich in der Runde und bespricht die Funde. Da erweist sich sehr schnell, wie vielfältig und großartig die Natur ist. Das Suchen und das darüber Nachdenken fördert die Kreativität. Denn in der Natur haben viele Dinge mehrfache Bedeutung: Ein Samenkorn kann gleichzeitig rund, wunderbar und für die Natur von großer Bedeutung sein. Und „50 Teile einer Sache" kann man mühsam einzeln zusammensuchen oder in Form eines Kiefernzapfens oder einer Pusteblume mitbringen. Bei näherer Betrachtung zeigt sich sehr schnell, dass die Natur nichts Nutzloses produziert, ganz im Gegensatz zu den Menschen. Während sich einige Dinge leicht finden lassen, braucht man bei anderen Adleraugen und Glück, wie zum Beispiel beim Knochen.

Indem die Kinder die Funde genau betrachten, bekommen sie ein bisschen Gefühl dafür, wie perfekt die Natur ist, wie fantastisch und wie schöpferisch. Und wenn sie die eine oder andere Sache behalten, hat sich der Ausflug mehr als gelohnt.

Der Natur auf der Spur: Suche und finde

Sammle nur solche Sachen, die du notfalls ohne Schaden zurückbringen kannst. Verletze keine Tiere. Suche:

1. einen Stein
2. einen Dorn
3. etwas Angenehmes
4. etwas Wunderbares
5. etwas sehr Hässliches
6. etwas Grünes
7. etwas Winziges
8. etwas Weiches
9. etwas Feuchtes
10. ein Stück Abfall
11. mindestens 50 Teile einer Sache
12. drei verschiedene Blüten von Wiesen
13. drei verschiedene Blätter von Bäumen
14. etwas, was ein Geräusch macht
15. etwas, was für die Natur von Bedeutung ist
16. etwas Natürliches, was für die Natur nutzlos ist
17. etwas, was mit dir selbst zu tun hat
18. ein Blatt, an dem Tiere gefressen haben
19. eine Wohnung
20. einen Knochen
21. einen natürlichen Wärmespeicher
22. ein Birkenblatt
23. einen Samen, den der Wind verweht
24. einen Samen, den Tiere mit sich tragen

Erdfarbenbilder

Mit den Farben der Natur

Typ: basteln
Thema: Erdfarben herstellen und malen
Ziel: hinschauen lernen, kreativ sein
Jahreszeit: im Winter nur bedingt möglich
Alter: ab 5 Jahre
Teilnehmerzahl: ab 2
Zeitaufwand: 1-2 halbe Tage
Ort: Haus, Garten, Park, Wald
Material: Sammeltüten oder Beutel, Schraubdeckelgläschen, verschiedene Erde, Kalkstein, Muschelschalen, Ziegelbrocken, Holzkohle, trockene Früchte, Blätter, zwei große Steine zum Zerreiben oder einen Mörser oder Hammer, etwas Tapetenkleister, Pinsel und festes Zeichenpapier, eventuell Sprühkleber zum Fixieren

„Es regnet, es regnet, die Erde wird nass. Wir sitzen im Trocknen, was schadet uns das!"
Denn heute ist Mal-Tag. Natur-Mal-Tag. Erd-Farben-Mal-Tag.
Man muss nicht bei Regenwetter malen, aber man kann das Malen gut auf einen solchen Tag legen. Vorausgesetzt, man hat schon die Farben bzw. ihre Grundstoffe. Und die sollte man sich an einem schönen Tag vorher besorgt haben. Die Farben für diesen Tag kann man nicht im Geschäft kaufen. Gemalt haben Menschen nämlich schon, bevor sie über ihre Bilder sprechen konnten. Malerei ist eine Urkunst. Und genauso wie die Menschen vor vielen tausend Jahren, können Sie Ihre Farben heute selbst machen. Das geht ganz natürlich mit wenigen Hilfsmitteln. Ohne Lösungsmittel und andere künstliche Zusätze. Erdfarben sind nicht gesundheitsschädlich.

Dazu ist ein Streifzug durch den Garten, durch Park oder Landschaft notwendig. Bewaffnet mit Rucksack und einigen Tüten, mit Eimerchen und Gartenschaufel geht es los. Ab ins Reich der Zwerge, ins Mineralreich. Was eine Farbe werden könnte, bleibt ganz Ihrer Fantasie und der der Kinder überlassen.

Ein Batzen Lehm liefert Braun oder Gelb, Holzkohle vom letzten Feuer Schwarz, Asche dagegen wird Grau. Grün kann man aus zerquetschten Blättern gewinnen (Esche, Farn, Möhren, Birke) und Weiß aus einem Stück Kalkstein oder Kreide. Sanftes Rot erhält man durch das Zerreiben von Ziegeln, Früchten, etc. Überhaupt lassen sich mit Pflanzenteilen überraschende Effekte erzielen: Tomatenblätter bringen Gelbgrün, Rainfarn oder Zwiebelschalen Gelb. Walnussschalen machen Dunkelbraun, Eichenrinde, Kastanienblätter und Löwenzahnwurzel auch. Weidenrinde wird Rosa und Waldmeister leicht Rot. Alles, was wir zwischen zwei Steinen (oder professioneller mit einem Mörser) zu Pulver oder Brei zerreiben können, ist nützlich. Auch ein Hammer leistet beim Zerkleinern gute Dienste. Die so erzeugten Pulver oder Pasten rühren wir in einem Schraubdeckelglas mit etwas Taptenkleister an – und los geht's. Erdfarben sind warme Farben, damit lassen sich wunderschöne Bilder malen. Gemalt wird auf den Zeichenblock mit stärkerem Papier oder auf Packpapier. Die Themen sind unbegrenzt: Motive vom Streifzug durch die Natur, Tiere, Pflanzen, Fantasieformen. Die Malereien gut trocknen und eventuell zwischen Büchern glatt pressen, falls sich das Papier durch die Feuchtigkeit gewellt hat. Da solche Naturfarben zum Bröseln und Verblassen tendieren, kann man sie mit einem Sprühkleber fixieren. Wer nur in der Natur sammeln geht, wird keine starken Farben finden. Vor allem Blau, Rot und auch intensives Gelb lassen sich hierzulande schwer erzeugen. Doch entsprechende Farbpulver sind im Bastelgeschäft käuflich. Achtung: keine synthetischen Farben nehmen, sondern echte Pigmentfarben. Natürliches Gelb wird aus Ocker gewonnen, Blau aus Indigo und Rot aus Wurzeln von Krapppflanzen. Doch wunderbare Bilder ergeben sich auch ohne solche Extras.

Tiere im Bach

Was lebt denn da?

Typ: beobachten und forschen, mit Sinnen erfahren
Thema: Kleinstlebewesen im Bach entdecken
Ziel: hinschauen lernen, Vielfalt erkennen
Jahreszeit: im Winter nur bedingt möglich
Alter: ab 5 Jahre
Teilnehmerzahl: ab 1
Zeitaufwand: 2 Stunden
Ort: Park, Wald, Wasser
Material: Rucksack, Eimer, Schüsseln oder Teller, großer Kescher, kleiner Kescher oder kleines Küchensieb, Lupe oder Becherlupe, Malpinsel, Tischtuch oder Decke, Gummistiefel, Regenbekleidung, Bestimmungsbuch
(Literaturtipp: s. Anhang)

Strahlende Sonne. Ein laues Lüftchen geht. Heute ist das große feuchtnasse Abenteuer angesagt. Wir wollen erleben, was bei uns im Bach so alles los ist. Dabei geht es nicht um Fische und auch nicht um Enten und andere große Wassertiere. Wir schauen viel genauer hin. Die kleinen und klitzekleinen Lebewesen, die man schnell übersieht, interessieren uns heute. Und von denen leben so viele im Bach, dass es echt spannend wird.

Dazu schultern wir unseren Wanderrucksack und packen das Material ein. Eine Mahlzeit muss auch mit und etwas gegen den Durst. Selbst wenn Tiere im Bach leben, bedeutet das für uns nicht, dass man das Wasser trinken kann. Für die Untersuchung im Bach ist Regenzeug zu empfehlen, Gummistiefel sind selbstverständlich. Am Bach eröffnen wir erst einmal das Labor: Hierfür benutzen wir ein altes Tischtuch oder eine Decke. Darauf wird das Material gelegt. Dann stellen uns mitten in den Bach. Falls er zu tief ist, machen wir die Bachuntersuchung vom Uferrand aus. Beginnen wir mit dem Offensichtlichen. An einer Stelle hat sich Laub angesammelt, mit dem großen Kescher holen die Kinder eine Portion in unseren Fangeimer.

Mit einem kleinen Küchensieb oder einem kleinem Kescher wird nun geforscht. *„Hilfe, eine Spinne"*, ruft die fünfjährige Antonia, *„sie ertrinkt"*. Die wohlmeinende Fürsorge erübrigt sich. *„Das ist eine Assel, die im Wasser lebt, eine Wasserassel"*, erklären wir. *„Und was glaubst du, was die frisst?"* Als wir etwas älteres Laub betrachten, entdecken wir, dass es wie zerfetzt aussieht und Löcher hat. Das war das Abendbrot der Wasserassel!

Wir setzen die Wasserassel mit ein bisschen Wasser in eine Becherlupe und nehmen das Tier in Augenschein. Es scheint unzählig viele Beine zu haben und wuselt blitzschnell im Wasser herum. Doch Ruhe zum Betrachten haben wir nicht. Denn schon schreit jemand von weiter bachaufwärts: *„Wir haben Krebse!"* Und was für Brocken! So um einen Zentimeter lang sind sie, Zwerge unter ihresgleichen. Bachflohkrebse! Auch sie leben vom Laub und sind zwischen den Blättern leicht zu finden. Lustig sind sie: Seitlich flach gedrückt und – was Kinder staunen lässt – sie schwimmen auch so schief herum. *„Wieso die so platt sind?"* Die Kinder müssen raten und mit etwas Hilfe kommen sie auf die richtige Antwort. Das Wasser fließt schnell bachabwärts, nur flache Tiere werden nicht fortgerissen. Damit sind wir diesem Lebensraum schon näher gerückt. Aus der anfänglichen Scheu, die Tiere aus dem Wasser zu holen oder gar anzufassen, wird Jagdeifer: Wer findet noch andere Tiere?

Doch wo leben sie, wenn das Wasser so reißend ist? Ein älteres Kind kommt auf eine Idee: *„An Steinen oder an Holzstücken könnten sie sich festhalten."* Das ist es. Wir konzentrieren uns nun auf größere Steine und Äste im Bachbett. Bingo! Ein handgroßer Kieselstein ist oben zwar vom Wasser blankgeputzt, aber die Unterseite wimmelt nur so von seltsamen Viechern. Einige scheinen in offenen Röhrchen aus Kieselsteinchen zu wohnen, die aussehen wie ein Pfeilköcher – das sind Larven von Köcherfliegen. Manche Röhrchen sind festgepappt und geschlossen – ihre Puppen. Dazwischen wuseln alle möglichen anderen Tiere, sämtliche mit langen, kräftigen Beinen und alle ganz flach. Haben sie zwei Schwanzspitzen, sind es meist Steinfliegenlarven, haben sie drei, handelt es sich um Eintagsfliegen. Nur ihre Larven leben im Bach, die fertigen Insekten fliegen durch die Luft. Mit einem Malpinsel streifen wir die zarten Tierchen vorsichtig vom Stein in unsere Becherlupe oder auf einen weißen Unterteller.

Je genauer wir schauen, desto mehr sehen wir. Im Kies finden wir winzig kleine Muscheln von Streichholzkopfgröße und ein Stein ist sogar mit einem schwammigen Gewebe überzogen. Ein echter Süßwasserschwamm, erklären wir, aber erst, nachdem wir uns in einem Buch schlau gemacht haben. Schließlich kann ein Senior-Abenteurer nicht jedes der Geschöpfe eines Baches kennen. Vor dem Heimgehen lassen wir alle Tiere frei.

Stimmen der Natur

Hört, hört

Typ: beobachten und forschen

Thema: bewusst hören

Ziel: verschiedene Geräusche erkennen und deuten

Jahreszeit: bedingt auch im Sommer und Herbst möglich

Alter: ab 5 Jahre

Teilnehmerzahl: ab 1

Zeitaufwand: 5 Minuten

Ort: Garten, Park, Wald, Wiese

Material: eventuell Vogelstimmen-CD, CD-Player,

Bestimmungsbuch (Literaturtipp: s. Anhang)

Das Auge ist unser wichtigstes Sinnesorgan. Es hilft uns bei der Orientie-
rung. Und es gewichtet und erklärt die Welt. Doch dadurch, dass wir uns
auf das verlassen, was wir sehen, werden die anderen Sinne in den Hintergrund gedrängt. Obwohl viel zu hören oder zu fühlen wäre, belassen wir es
beim Sehen. Der Gehörsinn filtert die meisten Eindrücke weg. Es ist einfach
zu viel wahrzunehmen. Das Gros der auf uns einprallenden Umweltein-
drücke zu unterdrücken, kann überlebenswichtig sein. Doch manchmal ist
es auch schade. Etwa, wenn es um angenehme Geräusche geht. Ein Beispiel:
Sogar inmitten der Stadt singen Vögel. Darauf angesprochen, haben fast
alle darüber hinweggehört. Das lässt sich auch durch eine einfache Frage an
die Kinder erfahren: „Was hast du gerade in der Natur gehört?" Dieses nette
Hörspiel kann überall eingeschoben werden. Ein kleiner Lückenfüller, der
Spaß macht. Es geht darum, sich bewusst auf Naturgeräusche zu konzentrieren. Das kann im Garten geschehen, im Stadtpark, auf der Wiese.
Besonders schön aber ist es im dichten Laubwald zur Frühlingszeit. Dazu
sollten Sie sich mit den Kindern bequem hinsetzen oder – legen. Alle schließen die Augen und versuchen, innerlich zur Ruhe zu kommen. Die Aufgabe
besteht jetzt darin, innerhalb von zwei oder drei Minuten verschiedene
Naturgeräusche wahrzunehmen. Auf ein leises Kommando geht es los. Die
Fäuste werden in die Luft gestreckt und für jedes neue Geräusch wird ein

Finger gestreckt, so dass wir maximal zehn Geräusche anzeigen können. Nach Ablauf der Zeit versuchen wir im Gespräch herauszufinden, welche Naturgeräusche zu hören waren. Am häufigsten sind Vogelstimmen, jede Vogelart zählt. Vielleicht hören die Kinder auch das Windspiel der Blätter, Laubgeraschel oder das Brechen oder Knacken eines Astes. Auch Menschenstimmen, Hundegebell, Atemgeräusche, Husten oder Niesen sind Naturtöne. Man kann dieses Hörspiel beliebig ein- und ausgrenzen. So lassen sich beispielsweise auch technische Geräusche heraushören und deuten (Flugzeuge, Autos, Maschinen). Eine weitere Variante ist, sich in einer zweiten Runde allein auf Vogelstimmen zu beschränken. Ein krönender Abschluss wäre, mit Hilfe einer Vogelstimmen-CD herauszufinden, welche Vögel wohl zu hören waren. In einem Vogelbuch kann anschließend nachgesehen werden, wie die Sänger aussehen.

Weidenbauten

Häuser, Zelte, Jurten, Tunnel, Labyrinthe

Typ: basteln
Thema: mit Weidenruten bauen
Ziel: das Spielgelände optimieren
Alter: ab 5 Jahre
Teilnehmerzahl: ab 4
Zeitaufwand: 1/2 bis 1 Tag
Ort: Garten, Park, Wiese
Material: Gartenschere, Astschere, Baumsäge,
Taschenmesser, Erdbohrer, Spaten, Schaufel, Gießkanne,
Bindeschnur oder Kabelbinder, Trittleiter, Weidenruten

Im März und April beginnt die Zeit der indianischen Baumeister. Wie wäre es mit einem lebendigen Weidentipi, das grünt und blüht? Oder einem Weidentunnel oder gar einem Labyrinth? Weidenbauten passen gut in einen Garten oder in den Kindergarten. Gebaut werden kann von Februar bis April, spätere Weidenzelte wachsen nicht mehr so gut an. Zunächst braucht man dazu eine große Menge von Weidenruten verschiedener Länge, die man am besten vor dem Austrieb besorgt, also bis etwa Ende März. Mit Genehmigung der Gemeinde oder des Landratsamtes (Naturschutzbehörde) kann man Weidenruten oft selbst in der Landschaft schneiden. Das Weidenrutenschneiden macht nicht nur Spaß, sondern ist auch praktischer Naturschutz. Denn nur so können wir die alten Kopfweiden erhalten, ohne dass sie unter dem Gewicht ihrer Äste auseinander brechen. Man kann die Ruten bis zum Bau wochenlang unter einer Plane oder im Wasser stehend zwischenlagern. Für die Eckpfosten und Hauptstützen nimmt man 3–6 m lange armdicke Äste. Für Geflechte reichen daumen- oder fingerdicke Ruten von 2–3 m Länge. Die Ruten werden mit Gartenscheren und kleinen Baumsägen von Seitenzweigen befreit. Und dann kommt die harte Arbeit. Für die Eckpfosten eines Zeltes gräbt man Löcher von etwa 50–70 cm Tiefe. Sie sollten so breit sein wie Spaten oder Schaufel. Leichter geht es natürlich mit einem Erdbohrer, den man im Baumarkt kaufen kann. An den Enden der großen Weidenstangen wird nun die Rinde mit dem Taschenmesser etwa 5–10 cm lang abgeschält, bis aufs blanke Holz. Dann den Pfosten ins Loch stellen, Erde drum herum füllen und mit Wasser so einschlämmen, dass es richtig schön matscht. Für ein Zelt braucht man mindestens drei solcher Eckpfosten, für ein größeres werden 5–8 Stück benötigt. Auch Tunnel und Anbauten werden so gemacht. Nachdem die Eckstangen stehen, können sie oben mit Schnur oder Kokosstrick zur Zeltform zusammengebunden werden. Am einfachsten und stabilsten geht das aber mit handelsüblichen Kabelbindern (Elektroabteilung im Baumarkt). Jetzt kommt die Kleinarbeit. Sollen es lebende Wände werden, werden die Räume zwischen den Pfosten mit kleineren, 20–30 cm tief eingegrabenen Ruten gefüllt, die später mit anderen Ruten quer verflochten werden. Dabei kann man lustige Muster und Formen flechten. Wenn das Frühjahr sehr trocken ist, ab und zu die Ruten angießen. Ansonsten wachsen lassen und im Sommer bereits die Austriebe einflechten, damit es schön dicht wird. Das Zeltinnere kann man mit Holzhäcksel oder Rindenmulch gemütlich abfedern. Und jetzt fehlt nur noch ein indianisches Eröffnungsfest, zu dem das vielleicht noch kahle Weidentipi mit bunten Bändern und Stoffen geschmückt wird. Die kommenden Jahre wird uns der Weidenbau begleiten und immer mehr zuwachsen, bis man irgendwann nicht mehr hindurch schauen kann.

Bodenuntersuchung

Der Erde auf der Spur

Typ: beobachten und forschen
Thema: Erdboden und seine Bewohner entdecken, ökologische Kreisläufe verstehen
Ziel: Tiere beobachten
Jahreszeit: ebenso im Sommer, im Herbst und Winter nur bedingt möglich
Alter: ab 5 Jahre
Teilnehmerzahl: ab 1
Zeitaufwand: 1–2 Stunden
Ort: Garten, Park, Wald
Material: Küchensieb oder Sandkastensieb, Schaufel, Schüssel, Eimer, flache Teller, Becherlupe, Lupe, Tafel für Bodentiere oder Bestimmungsbuch (Literaturtipp: s. Anhang)

Ein warmer Frühlings- oder Sommertag eignet sich besonders, eine Reise ins Erdreich anzutreten. Man braucht dazu nicht viel: Ein Küchensieb oder eines aus dem Sandkasten mit groben Löchern, Gartenschaufel und einen tiefen Teller, eventuell eine Becherlupe. Und vielleicht noch ein Buch mit Bildern von Bodentieren. Und dann geht's los. Unter einem Busch oder einer Hecke im Garten oder auch im Laubwald wird das Laub zur Seite gefegt. Dann schaufeln die Kinder eine Handvoll des lockeren Bodens ins Sieb. Im Teller fangen sie auf, was sich beim Rütteln durchs Sieb hat fallen lassen. Sie stoßen höchstwahrscheinlich auf lustige Springschwänze, die Schwanz über Kopf davonhopsen. Hundertfüßer kringeln sich und Tausendfüßer sausen in Deckung. Es gibt Asseln und Regenwürmer und vieles mehr. Dass Erde so spannend sein kann, hätte wahrscheinlich keins der Kinder vorher vermutet.

Frösche und Kröten

Froschtagebuch

Typ: beobachten und forschen, basteln, experimentieren
Thema: Tiere des Teiches kennen lernen und aufziehen
Ziel: Lebewesen schützen
Alter: ab 5 Jahre
Teilnehmerzahl: ab 1
Zeitaufwand: 1-2 Stunden, Langzeitbeobachtung und
Pflege für 2–3 Monate
Ort: Haus, Garten
Material: Naturteich mit Fröschen oder Kröten in der
Nachbarschaft, Aquarium (mindestens 30 cm breit, 20 cm
hoch und tief), zwei Handschaufeln Pflastersplitt oder
Kies, Unterwasserpflanzen, feinmaschiges Küchen- oder
Teesieb, Wasser eines natürlichen Teiches, Lupe,
Zentimetermaß, Schreibzeug, Papier, Kindersachbuch
zum Thema (Literaturtipp: s. Anhang)

Im März und April laichen Grasfrösche und Erdkröten. Vielleicht besteht
die Gelegenheit eines Ausfluges zu einem Gartenteich in der Nähe. Dort
kann man die bis zu 4000 Eier enthaltenden Laichballen der Grasfrösche
finden oder die zweireihigen Laichschnüre von Erdkröten, mit 2000 bis
6000 Eiern. Der einfachste Weg wäre nun, mit den Kindern alle ein bis zwei
Wochen einmal zum Laichplatz zu kommen, um einige der Kaulquappen
kurzzeitig zu fangen, zu beobachten und dann wieder freizulassen. Auf
diese Weise können wir den 2–3monatigen Weg der Kaulquappe bis zum
Frosch verfolgen. Hautnaher erlebbar wird das Ganze in einem eigens dafür
eingerichteten Aquarium. Dies darf jedoch nur unter der Aufsicht eines
Erwachsenen geschehen. Das Naturschutzgesetz verbietet zwar generell die
Entnahme von Laich oder Tieren, doch für Lehrzwecke in Kindergarten und
Schule gibt es eine Ausnahme. Hierzu sollte man bei der höheren Naturschutzbehörde nachfragen. Um die Entwicklungsschritte verfolgen zu können, sollten die Kaulquappen jede Woche ausgemessen, beschrieben und

gezeichnet werden. Dazu eignet sich ein eigens erstelltes „Froschtagebuch",
das die Kinder ausmalen können. Sobald die Kaulquappen Vorderbeine
bekommen, müssen sie sofort in den Ursprungsteich zurück. Überhaupt ist
die Aufzucht mit großer Verantwortung verbunden. Es sollen ja keine Tiere
zu Schaden kommen. Nur wer sich zuverlässig und ernsthaft um die Tiere
kümmern kann, sollte sie im Aquarium aufziehen.

Tag	Was passiert?	Tag	Was passiert?
10.3.	Die Eier sind da! Sie sind 3 Tage alt!	23.3.	Wir haben sie zum 1. Mal gefüttert.
14.3.	Juchu! Unsere Kaulis schlüpfen	19.4.	Die Hinterbeine schauen raus! Körperlänge: 3 cm
15.3.	Prima! Sie hängen an der Scheibe. Sie sind 6 mm lang.	2.5.	Es geht blitz- schnell: Wir bekommen Vorder-
18.3.	Freischwimmer + Weltmeister im Wachsen: 12 mm		beine und wollen in den Teich. Tschüss und Danke!

Frösche von A (Aquarium) bis Z (Zucht)

1. Glas- oder Plastikaquarium besorgen. Länge: mindestens 30 cm, Breite und Tiefe: mindestens 20 cm.

2. Den Boden etwa 1 cm hoch mit gewaschenen Pflastersplitt oder Kies füllen. Keine Erde verwenden!

3. 10 jeweils 10 cm lange Triebe von Unterwasserpflanzen einsetzen (Horn- oder Tausendblatt, Wasserfeder, Wasserpest). Dicke Kieselsteine auf die Wurzel legen (sonst schwimmen sie hoch).

4. Wasser aus Naturteich holen und durch ein Sieb vorsichtig eingießen (damit keine Libellenlarven ins Wasser kommen).

5. Aquarium an hellen, aber schattigen Ort im Zimmer stellen (keine direkte Sonne! – zu heiß).

6. Eine kleine Menge Eier einsetzen. Maximal 20 Eier von Grasfrosch oder Erdkröte (bei zu vielen Eiern und Kaulquappen „kippt das Wasser um" und alles stirbt).

7. Ab und zu verdunstendes Wasser vorsichtig nachfüllen. Faulig riechendes Wasser durch frisches ersetzen.

8. Die erste Zeit leben die Kaulquappen von kleinen Algen und Pflanzenresten. Sobald sie 1 cm lang sind, kann täglich einmal eine Fingerspitze Goldfischfutter (Zoogeschäft) gefüttert werden. Nicht mehr füttern als weggefressen wird.

9. Wichtig: Kaulquappen sofort freilassen, sobald sich Vorderbeinchen zeigen. Das Gleiche gilt bei Problemen mit dem Wasser.

So helfen wir Fröschen und Kröten. Denn in der Natur erreicht nur ein Bruchteil der Eier das Froschstadium.

Wir helfen den Schmetterlingen

Wildblumen für Flatterfalter

Typ: gestalten

Thema: Wildblumenbeet für Schmetterlinge anlegen

Ziel: Lebewesen schützen

Jahreszeit: bedingt auch im Sommer und Herbst möglich

Alter: ab 5 Jahre

Teilnehmerzahl: ab 1

Zeitaufwand: 5–6 Stunden

Ort: Garten

Material: Spaten, Schaufel, Rechen, Schubkarre, Sand oder Kies, echte heimische Wildpflanzen, evtl. Literatur zum Thema (Literaturtipps: s. Anhang)

„Guck mal, ein ganz gelber Schmetterling!" Ein fünfjähriges Mädchen kommt aufgeregt dahergerannt. Aus den blauen Traubenhyazinthen saugt ein Schmetterling süßen Nektar. Das ist kein Zufall, das war Absicht. Schließlich haben wir extra ein Blumenbeet für Schmetterlinge angelegt. Und der Erfolg stellt sich wirklich ein! Nicht nur hellgelbe Zitronenfalter, sondern auch Tagpfauenaugen, Kleine Füchse und verschiedene Weißlinge besuchen uns in diesen Apriltagen. Und dann noch solche kunterbunten Flatterer wie Landkärtchen und C-Falter. Eines Tages entdecken wir sogar eine Seltenheit, den Aurorafalter. *„Wir helfen doch den Schmetterlingen – oder?"* Wie kann man bei so einer engagierten Frage nein sagen? Wildblumenbeete mit Futterpflanzen für Schmetterlinge und ihre Raupen gibt es viele. Diesmal soll ein Trockenstandort angelegt werden. Das sind besonders wertvolle und sehr pflegeleichte Blumenbeete. Sie passen in den eigenen Garten oder in den Kindergarten. Im Grunde ist es ganz einfach: Für dieses Beet wird gar keine Erde, sondern nur jede Menge Sand oder Kies benötigt. Die beste Zeit ist das Frühjahr, doch auch im Sommer oder Herbst kann man das Beet anlegen.

Zunächst müssen Sie einen guten Platz suchen. Er sollte für das Trockenbeet in der Sonne liegen oder im Halbschatten. Die Fläche spielt keine Rolle: Ein oder zwei Quadratmeter reichen aus, mehr böten natürlich ein größeres Angebot. Es gibt zwei Möglichkeiten: Entweder das vorhandene Erdreich 20–30 cm tief ausgraben und das Loch mit Sand (zum Beispiel aus dem alten Sandkasten) auffüllen. Genauso tauglich wäre billigster Kies. Und wohin mit der ausgeschaufelten Erde? Damit modellieren Sie einen Hügel, der ebenfalls 20–30 cm hoch mit Kies oder Sand bedeckt und dann bepflanzt wird.

Sie können auch ein vorhandenes ebenes Beet aus Erde mit 20–30 cm Kies oder Sand abdecken und so einen kleinen Hügel errichten. Wer mag, grenzt dieses „Hügelbeet" noch mit einer Reihe Steine ab. Das schützt die Pflanzen vor Kinderfüßen. Achtung: Nicht die Materialmengen unterschätzen: Bei einer Auffüllhöhe von 20–30 cm benötigt man für vier Quadratmeter Wildblumenbeet einen Kubikmeter Sand, das sind etwa 15–20 Schubkarren voll. Aber dieser schweißtreibende Einsatz lohnt sich.

Nachdem die Fläche schön glatt gerecht ist, kommen nämlich die Pflanzen. Und da sollte man vorsorgen und nicht irgendwelche kaufen, sondern nur heimische Wildpflanzen. Denn davon hängt das Leben der Raupen ab. In der Regel gibt es echte Wildflora nicht in der Gärtnerei um die Ecke oder im Gartencenter, dafür müssen Sie auf spezielle Quellen zurückgreifen. Der Verein für naturnahe Garten- und Landschaftsgestaltung hält für Sie ein dickes Infopaket bereit – mit Adressen von Wildpflanzengärtnereien und vielen anderen Informationen rund ums Thema (siehe Adressen im Anhang des Buches). Die Pflanzen sollte man vorher per Post bestellen, damit man sie rechtzeitig da hat. Dann werden die Wildblumenballen aus den Töpfen genommen und nur noch eingepflanzt – direkt in den Kies. Wenn Sie im Frühling anpflanzen, werden die vorgezogenen Wild-

stauden schon bald blühen. Mit ihnen kommen an die 20 verschieden Falterarten und/oder ihre Raupen. Und dann heißt es plötzlich: *„Guck mal, eine Schmetterlingsraupe"*. Das wunderbare Gefühl, Leben zu schaffen, sollte man Kindern nicht vorenthalten.

Futterpflanzen für ein bildhübsches Wildblumenbeet im Sand oder Kies

Pro Quadratmeter rechnen wir 6–8 Wildstauden von folgenden Arten. Man kann die Arten bunt mischen, bei größeren Flächen sollte man von jeder Art 2–3 Stück benachbart pflanzen.

Ackerglockenblume
Bergjasione
Dornige Hauhechel
Färberkamille
Gelbe Resede
Gewöhnlicher Hornklee
Heilziest
Karthäusernelke
Kopflauch
Moschusmalve
Muskatellersalbei
Natternkopf
Ochsenauge
Quirlblütiger Salbei
Pechnelke
Spornblume
Taubenskabiose
Traubenhyazinthe
Tüpfeljohanniskraut
Wilder Majoran

Öko-Piercing

Ohne Schmerzen schön

Typ: basteln
Thema: sich schmücken
Ziel: Schönheit der Natur erkennen
Jahreszeit: bedingt auch im Sommer möglich
Alter: ab 3 Jahre
Teilnehmerzahl: ab 1
Zeitaufwand: 5 Minuten
Ort: Haus, Garten, Park, Wiese
Material: Schere oder Taschenmesser

Wozu sich die Backen, Lippen und Ohrläppchen mit Metallstäbchen oder Ringen zerstechen, wenn es auch ohne Verletzung und Schmerzen geht? Öko-Piercing sieht gut aus, kommt gut an und tut gar nicht weh. Und so funktioniert es: Man nehme im April oder Mai einige dicke Blütenstängel vom Löwenzahn. Besonders viel Milchsaft ist in der Wurzel, selbst wenn im Stängel fast nichts mehr ist! Der milchig-weiße Saft ist unser Super-Naturkleber. Damit kann man sich alle möglichen Blüten und Blätter auf Backen, Stirn und Arm oder sonst wohin kleben: Gänseblümchen, Margeriten, vierblättrigen Klee, das dreieckige Ahornblatt oder ein herzförmiges Blatt von der Linde. Der Kleber ist so gut, dass der Naturschmuck den ganzen Tag hält. Und sogar, wie bereits ausprobiert, eine Nacht. Wer genug vom Öko-Piercing hat, der greife zu Wasser und Seife. Eines wird versprochen: Es bleiben keine Narben.

Wildbienen

Ein Platz für wilde Bienen

Typ: beobachten und forschen, basteln
Thema: Tieren helfen, Wildbienen als ungefährliche Lebewesen kennen lernen
Ziel: aktiv für die Natur sein, Tiere beobachten
Alter: ab 5 Jahre
Teilnehmerzahl: ab 1
Zeitaufwand: 1-2 Stunden oder halbe Tage
Ort: Haus, Garten
Material: mindestens 10 cm dicke Hartholzstücke von Eiche, Buche, Robinie, etc. (aber kein Nadelholz), Bohrmaschine und Holzbohrer der Größen 2-10 mm, Schilfstängel (ev. ein Stück von einer Schilfrohrmatte) oder Bambusröhrchen (Lochdurchmesser 2-10 mm), eine leere Blechbüchse für die Schilfhalme und Bambusrohre, Nägel, Schrauben, Draht, Gartenschere, Hammer, Säge, speziell für einen Lehmkasten: Fichtenholzbretter für einen Kasten von 20 x 20 x 20 cm, Lehm aus Grube/Garten, Wasser, Holzprügel zum Feststampfen, Maurerkelle oder Pflanzschaufel, ein paar Handvoll gehäckseltes Stroh

„Guck mal, in diesem Loch wohnt eine Fliege". So ging das los bei uns mit den Wildbienen. Ein siebenjähriges Mädchen hatte im Türrahmen ein Wildbienenweibchen entdeckt, das in einem alten Nagelloch ein Nest baute. Ausgerechnet im Türrahmen! Wildbienen? Gibt es so was überhaupt? Sogar 500 Arten der meist klitzekleinen Bienlein schwirren durch die Lüfte, immer auf der Suche nach Pollen und Nektar. Sie sind dünn wie eine Bleistiftmine oder gerade so groß wie ein Fingernagel. Die meisten erreichen nicht die Größe einer Honigbiene.

Wenn man nicht genau hinsieht, kann man sie für eine Art Fliegen halten. Zwei Eigenschaften machen Wildbienen zu idealen Wildtieren für Kinder. Sie sind harmlos und stechen nicht. Man kann die Nase dicht vor das Wildbienen-Nest halten. Das Weibchen schlüpft, etwas irritiert, trotzdem hinein. Das Nest wird nicht gegen Menschen verteidigt wie bei Honigbienen. Gut für Neugierige.

Noch etwas macht Wildbienen ungeheuer interessant. Sie nisten in Löchern verschiedenster Art. In Schilfstängeln, Bambusröhrchen, angebohrten Holzstücken, sogar in künstlichen Lehmwänden.

Und weil solche Löcher gar nicht so häufig sind, können wir den seltenen Wildbienen helfen. Indem wir Nisthilfen eigens herstellen. Das macht allen Spaß: Kindern, Erwachsenen und den Wildbienen. Das Baumaterial ist schnell beisammen und kostet, wenn man sich etwas umschaut, gar nichts.  Ein Stück trockenes Hartholz gibt es vielleicht im Holzstapel vor der Tür oder beim Schreiner/ Tischler. Es sollte abgelagert sein und kein Nadelholz, da die Wildbienen sonst im Harz elendig kleben bleiben. Löcherbohren ist unter Anleitung eine Herausforderung für Kinder. Es kommt schon vor, dass dabei mal ein Bohrer abbricht. Das Holzstück wird mit Löchern der Größe 2–10 mm versehen. Die meisten Löcher sollten 5 und 6 mm betragen, die bevorzugte Weite der Wildbienen. Gebohrt wird so tief, wie der Bohrer reicht, die Löcher müssen 1-2 cm auseinander liegen. Sägemehl ausklopfen – fertig. Es darf aber nicht durch das Holzstück gebohrt werden. Auf beiden Seiten offene Löcher nehmen Wildbienen nicht an. Eine leichtere Arbeit ist das Zurechtschneiden von Schilfstängeln auf eine Länge von ca. 20 cm mit einer scharfen Gartenschere. Bambusröhrchen werden mit einer kleinen Säge ebenso zurechtgesägt. Mit dem offenen Ende nach außen füllen wir die Stängel und Röhrchen in eine leere Konservendose ein. Etwas aufwendiger ist der Bau eines Lehmkastens. Allerdings macht die Matscherei kleinen und großen Kindern großen Spaß. Ein vorhandener oder zu bauender Holzkasten (etwa 20 x 20 x 20 cm) wird hierzu mit Lehm aus der Grube (oder dem Garten) gefüllt. Die Lehmbrocken werden in Wasser aufgeweicht. Eingemischte Strohstücke erzielen eine bessere Haltbarkeit. Danach wird mit einem Holzprügel gestampft und mit der Kelle geglättet. Der Kasten muss ein paar Wochen im Schatten trocknen, bevor auch hier in den trockenen Lehm Löcher gebohrt werden.

Wer viel Spaß hat, kann aus all den genannten Materialien auch ein Fantasiehaus bauen. Angebohrte Holzstücke, Halme, Röhrchen und Lehm werden in einem Holzkasten mit Fächern zu einem schmucken Wildbienen-Hotel.

Und dann heißt es nur noch: Richtfest feiern. An einer sonnigen, regengeschützten Stelle (Hauswand) wird die Wildbienen-Niststatt aufgehängt. Wildbienen werden die Löcher mit Pollen und Nektar füllen und in jede der Brutzellen ein Ei legen. In ein Bohrloch passen fünf bis sechs Brutzellen. Die Larven entwickeln sich ganz von alleine und schlüpfen erst zur Blütezeit ihrer Wildpflanzen im nächsten Jahr. Die Flugzeit reicht von April bis August, wobei jede Art nur wenige Wochen fliegt.

Je mehr heimische Wildpflanzen in der Umgebung wachsen, umso schneller stellen sich wohnungssuchende Wildbienen ein. Das ist übrigens ein gutes Argument für ein Stück Naturgarten – notfalls sogar als Wildpflanzen-Balkon.

Wem das alles zu viel Mühe ist, der kann freilich auch fertige Wildbienen-Nistkästen kaufen. Es gibt sogar spezielle Beobachtungskästen, die sich aufklappen lassen, um die Nester und Inhalt zu betrachten.

Fertige Wildbienen-Nisthilfen und auch
Beobachtungskästen zum Aufklappen
gibt's beispielsweise bei
Schwegler-Naturschutzprodukte
Heinkelstr. 35
73614 Schorndorf

Bildergeschichte

Freie Fantasie voraus

Typ: beobachten und forschen, basteln, spielen
Thema: mit Naturmaterialien eine Geschichte kleben
Ziel: Pflanzen entdecken, Tiere verstehen, kreativ sein
Jahreszeit: ebenso im Sommer, bedingt auch im Herbst und Winter möglich
Alter: ab 5 Jahre
Teilnehmerzahl: ab 4
Zeitaufwand: 1–2 halbe Tage
Ort: Haus, Garten
Material: Karton DIN A 4 oder DIN A 2, Kleber, Malsachen, Schere, Schreibzeug

Eine Bildergeschichte ist eine schöne Beschäftigung für viele Stunden. Es geht um Fantasie und Kreativität in und mit der Natur. Es wird überlegt, gebastelt und geklebt. Zum Schluss haben die Kinder eine selbst ausgedachte Geschichte in einem oder mehreren Bildern vor sich. Am besten startet man mit einem stimmigen Einstieg ins Thema (etwa Blumenjagd, Seite 65, Rosendüfte, Seite 63), so dass Fantasie und Aufmerksamkeit der Kinder geweckt werden. Als Nächstes steht eine Ortsbesichtigung an. Man spaziert durch die Natur. Vielleicht begegnet man hierbei einigen Tieren und sicher auch Pflanzen. Und schon gibt es Anknüpfungspunkte für eine Geschichte. *„Ein Schmetterling geht auf Reisen"*, *„Ein Käfer besucht seine Lieblingsblumen"*, *„Die Ameise erkundet die Wiese"*, etc. Die Geschichte kann sich nun mit Hilfe der Kinder entwickeln. Der nächste Schritt ist die praktische Umsetzung. Wie lässt sich diese Geschichte mit Naturmaterialien, Pflanzen und Zeichnungen darstellen? Je nach Alter der Kinder ist es eine einfache Handlung auf vielleicht nur einem Karton, älteren Kindern fällt vielleicht eine längere Geschichte ein, die mehr Platz braucht. Die Pflanzen und Materialien werden gesammelt und möglichst frisch aufgeklebt. Passend dazu werden Hintergrund und Tiere gemalt.

Möchte man die Bilder-geschichte konservieren, empfiehlt es sich, den Karton wie Blumen einige Tage zwischen Zeitungspapier zu pressen (Seite 69). Danach kann die Geschichte aufgehängt werden. Man kann auch eine Farbkopie davon machen und so die Farben lange konservieren. Sind ältere Kinder dabei, wollen sie vielleicht für Betrachter die Handlung aufschreiben. Nachfolgend eine Beispielgeschichte.

Ein Liebespaar in Nöten

① Nach langer Winterruhe treffen sich die Zitronenfalter Willibald und Kunigunde auf der Frühlingswiese hinterm alten Bauernhaus. Viel gibt es zu erzählen, denn der Winter war lang und die Träume tief. Verspielt gaukeln sie über die Blumen und begrüßen Gänseblümchen, Löwenzahn und Wiesenschaumkraut.

② Doch das Glück ist nur von kurzer Dauer. Schwere Gewitterwolken ziehen auf und beide suchen Schutz unter einem Breitwegerichblatt. „Hallo, ihr gelben Flieger, wollt ihr meine neue Geige sehen?", fragt plötzlich Fridolin, die Grille. Und spielt ihnen die Sonate in Grün Dur, bis es zu regnen aufhört.

③ „Kannst du uns sagen, wo Herr Faulbaum wächst?", wollen die Zitronenfalter wissen. „Wir möchten ihm gern unsere Eier schenken!" „Dort hinten auf der Schafgarbe ist ein guter Aussichtspunkt", antwortet Fridolin. Hier können wir bis zur alten Eiche am Ende der Wiese sehen." Plötzlich, einem Erdbeben gleich, beginnt alles zu wakkeln, und der Boden bricht auf. Mit großen Grabschaufeln schiebt sich Maulwurf Grabowski aus seiner Höhle. Da ist er ja: der Baulöwe, der Bodenspekulant, von dem man sich so viele üble Geschichten erzählt. Frau Thymian, das zarte Pflänzlein, hat sich letzte Woche beschwert, dass ihr Mann verschüttet wurde.

④ „Ding-dong, ding-dong", läutet die Wiesenglockenblume mit dem Wiesenschwingel zur Versammlung der Wiesenbewohner. Alle strömen herbei. Der schnelle Laufkäfer ist zuerst da. Dann folgen die Bienen, die Schwebfliegen, die Ameisen, die Spinnen, Blumen und Gräser. Die Schnecke kommt erst bei Tagesordnungspunkt fünf – wie immer zu spät. Die Königskerze leitet die Versammlung. Die Sache Grabowski wird aufgerufen.

⑤ Grabowski hat zu seiner Verteidigung viele noch nie gesehene Zeugen mitgebracht. Die Aussagen von Regenwurm, Assel, Spitzmaus und Springschwanz bringen alle zum Staunen. Niemand hätte gedacht, wie wichtig Grabowski zur Durchlüftung und Durchmischung des Wiesenbodens ist. Aller Unmut ist vergessen und das große Fest kann beginnen.

⑥ Grabowski lädt ein zur festlichen Besichtigung der Unterwelt. Glühwürmchen leuchten den Weg in geheimnisvolle Gänge. Schon tragen Bienen Getränke herbei. Die Musikband aus Grillen, Zikaden, Vögeln und piepsenden Mäusen spielt zum Tanz auf. Und bis in die tiefe Nacht hinein wird gesungen, gesprungen und geschmatzt. „Welch ein schöner Tag", flüstert Willibald zu seiner Kunigunde.

Pflanzenporträt

Wilde Karde und Königskerze einmal näher betrachtet

Typ: beobachten und forschen, basteln, experimentieren
Thema: ein Wildblumenbeet mit Pionierpflanzen
Ziel: Tieren helfen
Jahreszeit: ebenso im Sommer und Herbst, bedingt auch im Winter möglich
Alter: ab 5 Jahren
Teilnehmerzahl: ab 1
Zeitaufwand: 2-4 Stunden
Ort: Garten
Material: Spaten, Schaufel, Schubkarre, Sand oder Kies, Wildpflanzen, Lupe

Die Wilde Karde gehört zu den Disteln. Sie ist so schön, dass Naturgärtner diese Wildpflanze in ihren Garten pflanzen. Das Erstaunliche an dieser über zwei Meter hohen Pflanze ist aber der Besuch, den sie herbeizaubert. Zur Blütezeit sind es alle Arten von Schmetterlingen, die es in der Gegend gibt. Und in Herbst und Winter zieht sie Distelfinken und Grünfinken wie magisch an. Nicht anders geht es mit den vielen Arten Königskerzen, die es bei uns gibt. Nicht weniger als 90 Insektenarten leben davon. Blattkäfer, Kleinschmetterlingsraupen, Wanzen und so eigenartige Wesen wie Fransenflügler. Jetzt heißt es nur noch, ein bisschen Platz für ein Wildblumenbeet machen. Für Königskerze und Wilde Karde.

> **Tipp: Königskerze als Tiermagnet**
>
> Königskerzen ziehen sehr viele kleine Tiere an. Blüten, Blätter und Stängel sind Futter für sehr viele Insektenarten. Achten Sie beim Suchen nach Insekten auf Fraßspuren, denn das verrät Pflanzenfresser. Zwischen den weichen Blättern kann man einige Tiere fangen und in einer Becherlupe betrachten.

Wilde Karde und Königskerze ganz praktisch

Wir entfernen den Bewuchs auf einer Fläche von mindestens 1–2 qm für ein Wildblumenbeet. Die Pflanzen brauchen mageren Boden. Ist der Boden nährstoffreich, also „gute Gartenerde", so arbeiten wir mit Spaten oder Grabegabel eine Sandschicht von etwa 10 cm in den Boden ein. Davor sollten Sie aber daran denken, die Stauden bei einer Wildpflanzengärtnerei zu bestellen (siehe Adressen im Anhang). Pro Quadratmeter setzen wir 4–6 Pflanzen der unten stehenden Arten. Die Pflanzen werden manchmal sehr hoch und kräftig. Wir lassen sie blühen und auch über den Winter als Vogelfutter stehen. Erst im April werden sie abgeschnitten. Da Pionierpflanzen nach der Blüte absterben, sollten Sie die aus den herabgefallenen Samen nachwachsenden Pflanzen stehen lassen. Nach einigen Jahren muss das Beet wieder gerodet und wie oben beschrieben frisch bepflanzt werden.

Pionierpflanzen für Tiere

Deutscher Name	Botanischer Name	Blütemonat*	Blütenfarbe	Höhe in cm
Wilde Karde	Dipsacus silvestris	7–9	lila	100–200
Großblütige Königskerze	Verbascum densiflorum	7–9	gelb	100–200
Mehlige Königskerze	Verbascum lychnites	6–9	hell gelb	60–100

*) 6 = Juni, 7 = Juli, etc.

Indianerrätsel

Was stimmt hier nicht?

Typ: beobachten und forschen, mit Sinnen erfahren, spielen
Thema: bewusst sehen
Ziel: aufmerksam für die Natur werden
Jahreszeit: ebenso im Frühling und Herbst möglich
Alter: ab 5 Jahre
Teilnehmerzahl: ab 2
Zeitaufwand: 5 Minuten
Ort: Garten, Park, Wald, Wiese
Material: Seil oder Schnur

Indianer haben auf ihrer Pirsch den perfekten Blick. Sie sehen alles und orientieren sich anhand kleinster Spuren und Veränderungen der Umwelt. Heute sollen die Kinder probieren, so scharf und genau hinzusehen wie unsere Vorbilder. Das ist ein lustiges, schnell organisiertes Spiel. Es klappt im Grunde schon mit 2 Kindern, macht aber mit einer größeren Zahl oder gar in Gruppen mehr Spaß. Die Regeln sind einfach. Irgendwo am Rand des Weges wird ein 2-3 m breiter Streifen als Suchfläche festgelegt. Die Länge hängt von Anzahl und Alter der Kinder ab, 5-10 m sollten es mindestens sein. Um das Gebiet auch räumlich genau einzugrenzen, empfiehlt es sich, es mit Schnur oder Seil zu umranden. Nun legt man in dieses Suchgebiet zehn oder mehr, für den Standort untypische, vorher besorgte, verschiedene Fundsachen. Befindet man sich in einem Buchenwald, ist das vielleicht ein Tannenzweig, ein Flusskiesel, Hagebuttenfrüchte, Wiesenblumen, etc. In der Wiese wären es Zweige von Bäumen, Laub, Baumfrüchte, Farnblätter, usw. Es dürfen auch einige sehr auffällige Sachen sein, wie etwa ein Abfallstück oder ein Rucksack. Bei älteren Kindern kann man die Aufgabe erschweren, indem man zwar Dinge aus dem Lebensraum auslegt, die jedoch nicht im unmittelbaren Umfeld vorkommen. Beispiel: Ein Eichenblatt im Laubwald aus Birken und Vogelbeeren. Die Aufgabe besteht darin, innerhalb einer festgesetzten Zeit von 1-2 Minuten möglichst alle zehn unpassenden Dinge zu finden. Man sollte dabei nicht in die

Suchfläche treten, sondern vom Rand her schauen. Jüngere Kinder kann man mit gezielten Fragen aufmerksam auf die Umgebung machen. *„Schau dich einmal um und finde heraus, welche Bäume hier wachsen!"* *„Kann so ein Blatt wie dieses durch den Wind hierher kommen?"* Je natürlicher, vielfältiger und größer die Suchfläche ist, desto schwieriger wird die Aufgabe. Man kann die Attraktivität des Spieles noch steigern, indem man verschiedene Kinder oder Gruppen gegeneinander antreten lässt. Gegen Ende sollten alle ausgelegten Dinge erklärt werden.

Seinen Baum finden

Keiner ist gleich

Typ: beobachten und forschen, mit Sinnen erleben, spielen
Thema: Bäume nach dem Gefühl wiedererkennen
Ziel: sensibel für die Natur werden
Jahreszeit: ebenso im Frühling,
bedingt auch im Herbst und Winter möglich
Alter: ab 5 Jahre
Teilnehmerzahl: ab 2
Zeitaufwand: 1 Stunde
Ort: Garten, Park, Wald
Material: Augenklappen, Binden oder Halstücher

Dies ist ein uraltes Sinnesspiel, das jedoch nichts von seiner Aktualität ein-gebüsst hat. Es eignet sich für eine ruhige Stunde im Wald, im baumreichen Garten oder Park. Zunächst werden Paare gesucht und bestimmt, wer zuerst der blinde Fühlende ist. Der bekommt die Augen verbunden und wird anschließend vom Partner zu „seinem" Baum in der Nähe geführt. Den soll er mit den Händen ertasten und „begreifen". Danach wird er zum Aus-gangsplatz zurückgeführt. Nun gilt es, „seinen" Baum offenen Auges wiederzufinden. Die Trefferquote ist meist außerordentlich hoch – fast alle finden „ihren" Baum wieder, auch wenn sie dazu, vor ihm stehend – erst die Augen schließen und tasten müssen. Anschließend wird gewechselt. Das Spiel kann je nach Alter schwieriger gestaltet werden. Für jüngere Kinder reicht eine Entfernung von 10-20 Meter aus, ältere darf man schon 50-100 m im dichten Wald ausschicken. Man kann den „Blinden" vor dem Loslaufen mehrmals um die eigene Achse drehen oder gezielt Umwege hin- und zurücknehmen. Man kann auch besonders „unauffällige" Bäume suchen. Wichtig ist aber in jedem Fall, das der Baum so weit wie möglich betastet und befühlt wird. Geschieht das nicht von selbst, helfen einfache Fragen: *„Wie dick ist dein Baum? Hat er Äste, Löcher? Ist die Rinde glatt? Wie sieht er am Fuß aus? Was wächst drum herum?"* Bei dem Spiel wird deutlich, dass kein Baum dem anderen gleicht.

Rosendüfte

Das riecht aber gut

Typ: beobachten und forschen
Thema: bewusst riechen
Ziel: Pflanzendüfte kennen und lieben lernen
Jahreszeit: bedingt auch im Frühling möglich
Alter: ab 5 Jahre
Teilnehmerzahl: ab 1
Zeitaufwand: 5 Minuten
Ort: Garten, Park
Material: Lupe, evtl. Literatur zum Thema
(Literaturtipp: s. Anhang)

Sommerzeit ist Blütezeit. Und Rosenzeit. Von Ende April bis in den Juli blühen heimische Rosen. Und Rosen, jedenfalls viele davon, duften. Es gibt kaum einen Menschen, der vom Duft einer blühenden Rose nicht begeistert ist. Diese positive Verbindung zur Natur soll aufgebaut und dabei auch festgestellt werden, dass nicht alles, was gut aussieht, auch gut riechen muss. Bei einem Ausflug oder Spaziergang in einem Garten oder Park kann man sich ganz gezielt die Rosen vornehmen. Um festzustellen, welche Büsche angenehm riechen und welche nicht, steckt man einfach die Nase hinein. Hat der Duft irgendetwas mit der Blütenform oder der Art der Rose zu tun? Hängt er mit der Farbe zusammen? Mit der Größe der Rose? Allen diesen Fragen kann man nachgehen. Es wird sich zeigen, dass manche schön aussehende Blüte nicht duftet. Hier ist der Duft im Laufe der Züchtung verloren gegangen. Besonders gut riechen dagegen die so genannten Alten Gartenrosen. Viele dieser traditionellen Arten duften herrlich. Auch manche Wildrosen duften intensiv, besonders die Essigrosen und ihre Verwandten.

Natürlich kann man die Duftsuche auch auf andere Blüten und Pflanzen ausdehnen. Und man darf versuchen zu beschreiben, wie diese und jene Blüte duftet. Das ist gar nicht so einfach. Mit der Lupe kann man dann die Blüte genauer betrachten. Und vielleicht pflanzen Sie mit den Kindern sogar eine besonders duftige Rose in den Garten?

Spezielle Duftrosen

Albarosen
Apothekerrose
Bibernellrose
Bourbonrose
Damaszenerrosen
Frankfurter Rose
Essigrose
Zentifolien

Blumenjagd

Alles so schön bunt hier

Typ: beobachten und forschen, mit Sinnen erfahren, spielen, basteln
Thema: bewusst sehen und unterscheiden
Ziel: Vielfalt der Blumen erkennen
Jahreszeit: ebenso im Frühling möglich
Alter: ab 7 Jahre
Teilnehmerzahl: ab 2
Zeitaufwand: 30 Minuten
Ort: Garten, Park, Wiese
Material: Suchzettel, Malzeug, Papier, Lupe

Eine bunte Wiese, ein reicher Garten lädt ein zu diesem spielerischen Erleben von Vielfalt. Es gilt, die Augen zu schärfen für die unterschiedlichsten Blumen und ihren Bau, für Farben und Formen. Heute sollen die Kinder Blumen näher kennen lernen, sie in den Händen spüren und beschnuppern. Der Suchzettel (s. S. 66) kann in Anpassung an die Situation leicht verändert werden. Er braucht dann nur noch in benötigter Zahl kopiert zu werden. Eine Blume kann mehrere Merkmale erfüllen, worauf Sie die Kinder vor dem Suchen hinweisen sollten. Ein Gänseblümchen hat viele und weiße Blütenblätter. Riecht es? Vielleicht ist es sogar die Lieblingsblume. Es sollte von jeder Blume nicht mehr als eine mitgenommen werden. Wenn die Kinder Lust haben, können die Blumen hinterher ja sogar noch gepresst werden, damit sie lange erhalten bleiben. (Siehe Pflanzen pressen S. 69). Bei der Besprechung der Suchergebnisse kommt man schnell auf die unglaubliche Vielfalt der Blüten in der Natur. Unterschiedliche Farben locken unterschiedliche Insekten an, der Bau der Blüte dient ebenso ganz bestimmten Tieren. Wenn man will, kann man mit Lupen die Blütenblätter, Staubbeutel und Stempel genauer untersuchen. Und wie wunderbar ist es danach, ein farbiges Bild zu malen, das man zu Hause aufhängen kann.

Blumenjagd

Bringe pro Aufgabe höchstens eine Blüte mit. Suche eher am Rand einer hohen Wiese als mittendrin, damit nicht so viel niedergetreten wird. Suche folgende Blüten:

1. eine Blume mit Blütenblättern, die größer als ein Fingernagel sind
2. eine Blume mit fünf Blütenblättern
3. eine Blume mit vielen Blütenblättern
4. eine weiße Blume
5. eine blaue Blume
6. eine gelbe Blume
7. eine Blume, die gut riecht
8. eine Blume, die nicht riecht
9. Deine Lieblingsblume. Male von ihr ein Bild.

Malerpalette

Alle Grüns, alle Gelbs

Typ: beobachten und forschen, mit Sinnen erleben, spielen, basteln

Thema: unterschiedliche Pflanzen-Farbtöne suchen

Ziel: Pflanzenfarben sehen und unterscheiden

Jahreszeit: ebenso im Frühling, bedingt auch im Herbst und Winter möglich

Alter: ab 5 Jahre

Teilnehmerzahl: ab 2

Zeitaufwand: 1-2 Stunden

Ort: Garten, Park, Wiese, Wald

Material: eventuell Bilderbuch „Frederick" von Leo Leonni, Bastelkarton, Zeichenstifte, Schere, Kleber, Gefäß zum Pflanzensammeln

Die Natur ist eine große Malerin. Heute wollen wir ihr etwas über die Schulter schauen. Dazu basteln wir eine Malerpalette mit den Farben der Saison.

Zum Einstieg eignet sich beispielsweise die berühmte Vorlesegeschichte von Leo Lionni. Frederick, der Mäuserich, ist ein ganz Fauler. Statt Vorräte für die kalte Jahreszeit zu sammeln, sitzt er den ganzen Sommer nur herum und sammelt Farben und Bilder – im Kopf. Und was macht er damit? Er färbt mit seinen Bildergeschichten die grauen Tage des Winters ein und bringt so Glück und Freude unter seine Zuhörer.

Heute werden alle Kinder zu Fredericks, die Farben und Schönheit sammeln. Zuerst zeichnen die Kinder auf Karton eine Malerpalette. Groß wie ein Teller, rund oder oval. Für den Daumen gibt es am Rand eine Einbuchtung, damit man sie gut festhalten kann. Ausschneiden, fertig.

Doch was ist das Ziel? Farben der Natur wollen wir suchen. Denn es gibt unendlich viele Farbtöne draußen. Von jeder Farbe nimmt man ein Stückchen vom Blatt, von der Blüte oder von der Frucht mit.

Bei häufigen Farben können wir auch das ganze Blatt oder die Blüte pflücken oder sammeln. Es aber kommt stark auf das Alter der Kinder und die Jahreszeit an, was wir nun an Farben suchen und auf die Palette aufkleben können.

Von Frühling bis Herbst bieten sich viele Möglichkeiten. Alle Pflanzenlebensräume eignen sich zur Erforschung. Doch selbst im Winter gibt es noch jede Menge Farbtöne, etwa im Herbstlaub am Boden oder an den Rinden von Sträuchern und Bäumen. Im Garten, auf der Wiese, an einer Hecke oder im Wald finden sich die unterschiedlichsten Farben. Man kann verschiedene Aufträge erteilen. So lassen sich etwa alle Farben in einem bestimmten Bereich suchen, nur von einem Wiesenstück, nur von einem Stück Hecke, nur vom Waldboden.

Spannend ist auch die Beschränkung auf eine Farbe. Dann werden ausschließlich Grüntöne von Gras, Blumen und Blättern oder alle Gelbtöne im Herbstlaub oder alle braunen Rindenstücke gesammelt.

Die Farbensammlung kann kunterbunt oder eher grün sein, es können erdige Farben wie Gelb, Braun und Rot überwiegen. Bestimmt findet man auch einige Farben nicht. Türkis zum Beispiel.

Nun versuchen die Kinder, die Funde nach Farben und Helligkeit zu ordnen, um sie so auf die Malerpalette zu kleben. Wie viele Grüns gibt es? Auf einer Wiese bestimmt 15 unterschiedliche Grüntöne, vor allem in Blättern. Und welche Blütenfarbe findet man wohl am häufigsten? Ist es gelb oder blau, rot oder weiß? Auf Wiesen überwiegt in der Regel gelb, es lassen sich gut ein Dutzend Gelbtöne sammeln, während weiß, rot, blau und violett auf der Malerpalette seltener erscheinen.

Wie schön die Blüten und Blätter auf der Malerpalette aussehen! Das nehmen die Kinder sicher gerne mit nach Hause. Doch leider bleibt die Malerpalette nicht so ansehnlich. Sobald die Pflanzen trocknen, verschrumpeln Blätter, verblassen Blüten. Zwei Möglichkeiten zur Abhilfe: Schnell ein Foto oder eine Kopie machen. Oder: Noch einmal ganz lange anschauen, die Farbe in sich aufnehmen, um damit später einen grauen Tag auszumalen. Wie Frederick.

Pflanzen pressen

Wir sammeln Schönheit

Typ: beobachten und forschen, mit Sinnen erfahren, basteln

Thema: Schönheit wahrnehmen

Ziel: Pflanzen und ihre Namen kennen lernen

Jahreszeit: ebenso im Frühling und Herbst möglich

Alter: ab 5 Jahre

Teilnehmerzahl: ab 2

Zeitaufwand: 30 Minuten

Ort: Garten, Park, Wiese, Wald

Material: Bilderbuch „Frederick" von Leo Leonni, Schere, Körbchen oder Eimer, Zeitungspapier, schwere Bücher oder Pflanzenpresse, DIN-A-4-Blätter, Stifte, Klebstoff, Bestimmungsbuch (Literaturtipp: s. Anhang)

Die Bildergeschichte von Leo Leonni ist auch hier ein wunderbarer Einstieg ins Thema. Frederick tut (fast) nichts. Er sammelt nur Schönheit, Hoffnung, Farben, Geschichten für den Winter. Und das tun Sie auch – eine wunderbare Betätigung mit Kindern. Sie sammeln und pressen Pflanzen – Blüten, Blätter und Stängel. Doch bevor die Kinder losstürmen und wie der Wirbelwind Blumenbeete verwüsten, braucht man einige Regeln. Zunächst muss die Zahl der zu sammelnden Teile auf ein bearbeitbares Maß gebracht werden. Mehr als 20-30 verschiedene größere Pflanzen oder Blätter gleichzeitig zu trocknen, erfordert schon eine kleinere Lagerhalle. Also sollte man sich für diesen Tag in Abhängigkeit der Kinderzahl auf eine oder wenige Blumen oder Blätter pro Kind beschränken. Damit erledigt sich flugs das nächste Problem: Auch aus einem anderen Grund reicht eine Blüte pro Pflanze. Schließlich wollen wir die Pflanzen nicht schädigen. Bei einer Kindergartengruppe von 25 werden so trotzdem noch 25 Margeriten gepflückt. Ist Ihnen das zu viel, können die Kinder auch gemeinsam in Kleingruppen zu zweit oder zu dritt suchen. Und nun zum Sammeln selbst: Alle Pflanzenteile, die sich pressen lassen, können auch getrocknet werden:

erste Gräser der Wiese, Schlüsselblumen, die Buntheit von Wiese und Staudenbeet im Sommer oder herbstliche Fruchtstände und Blätter. Apropos Blätter: Hier gibt es besonders viel zu entdecken und zu suchen. Und bei Blättern muss man sich auch nicht so beschränken, da gibt es meist genug. Was das Sammeln betrifft, haben Kinder oft ein anderes Auge als Erwachsene. Sie nehmen es nicht so genau und rupfen einfach einige Blütenköpfe ab. Um aber Pflanzen wiederzuerkennen, selbst wenn sie nicht blühen, sollten die Kinder möglichst einige Blätter oder den Stängel dazu nehmen. Mit Bastelscheren lassen sich die meisten Arten gut abschneiden. Sie müssen innerhalb der nächsten Stunden gepresst werden, damit sie sich nicht beim Welken verformen. Zum Pressen brauchen Sie einige Lagen Zeitungspapier. Dazwischen drapieren Sie die Pflanzen so, wie Sie sie später sehen wollen. Man kann mehrere Lagen Papier mit Pflanzen übereinander legen, dann braucht man nur noch Druck und Zeit. Mit Büchern beschweren wir unsere Sammlung. Nach einigen Tagen nehmen wir die Pflanzen vorsichtig heraus und kleben sie auf Papier. Einige Klebstoffpunkte genügen. Dann können sie beschriftet und als kleine Ausstellung aufgehängt werden. Natürlich lassen sich mit den getrockneten Blumen und Blättern auch bunte Bilder kleben – oder sogar eine Bildergeschichte (siehe S. 54) erzählen. Oder Sie machen ein Bilderbuch von unserem Garten in allen Jahreszeiten.

Tipp: Pflanzenfotokopie

Die Farben gepresster Pflanzen bleichen nach einiger Zeit aus. Falls Sie das Blumenbild längere Zeit in der „echten" Farben brauchen, lohnt sich eine Farbkopie.

Essen am Feuer

Würstlstock, Stockbrot, Steckerlfisch

Typ: beobachten und forschen, mit Sinnen erfahren, spielen, basteln, experimentieren
Thema: Feuer machen und Essen zubereiten
Ziel: Faszination, Kraft und Wirkung des Feuers erfahren
Jahreszeit: bedingt auch im Frühling und Herbst möglich
Alter: ab 5 Jahre
Teilnehmerzahl: ab 1
Zeitaufwand: 1-3 Stunden
Ort: Garten, Park, Wiese
Material: Feuerholz, Streichhölzer, Taschenmesser, Weidenzweige, Brotteig, Würstchen, Kartoffeln

Es gibt wenig, was schöner ist, als mit Kindern am Feuer zu sitzen. Die Flammen spielen um Äste herum, die der Wald uns schenkt. Es knistert und knackt. Das ist die Zeit für Abenteuergeschichten, Gruseleien und Lieder zu Gitarre und Mundharmonika. Und wer eine Trommel dabei hat, schlägt im Viervierteltakt den Indianerrhythmus. Beim Feuergucken bekommt man ordentlich Hunger. Etwa auf Stockbrot. Das geht ganz einfach: Zunächst schneidet man sich einen 1,5–2 m langen, geraden, frischen Stock ab (Hasel und Weide eignen sich gut) und spitzt ihn mit dem Taschenmesser an. Aus Vollkornmehl, Wasser, Salz und etwas Hefe kann man einen einfachen Brotteig selber machen, den man um die Spitze des Stockes klebt. Dann wird der Stock über die Glut gehalten, bis die Kruste braun wird.

Zutaten für Stockbrot für 10 Kieder:

350 g Mehl
150 ml Wasser
1 Hefewürfel
2 EL Olivenöl
1 TL Salz
1 Prise Zucker
Pizzagewürz
Brotbackgewürz

Steckerlfisch geht ähnlich. Den ausgenommenen, gewürzten und geölten Fisch auf die Stockspitze spießen und langsam über der Glut garen. Den Stock nicht zu heftig bewegen, sonst stürzt das gute Essen ins Feuer. Wer nicht vergessen hat, Kartoffeln in die Glut zu legen, dem schmeckt es noch besser. Und für die, die keinen Fisch mögen, tut es auch ein Würstchen am Stock. Das heißt dann Würstlstock oder Stockwurst oder Steckerwürstchen.

Steinzeitliches Töpfern

Feste Form in Lehm gebrannt

Typ: beobachten und forschen, basteln, experimentieren
Thema: Kleinigkeiten aus Lehm herstellen und im Erdofen brennen
Ziel: kreative Gestaltungsfantasie entwickeln
Jahreszeit: bedingt auch im Frühling möglich
Alter: ab 5 Jahre
Teilnehmerzahl: ab 4
Zeitaufwand: 1-2 halbe Tage
Ort: Garten, Park, Wiese
Material: Lehm, Ton, Spaten, trockenes Reisig, Äste, Feuerholz, Streichhölzer

Mit Ton aus dem Töpferladen oder aus einer Lehmgrube lassen sich mit Kindern hübsche Figuren und Kleinigkeiten formen oder töpfern. Sie werden zunächst zum Trocknen aufgestellt. In der Zwischenzeit bauen wir im Garten einen Lehmbrandofen. Des Feuers Glut macht aus weichem Lehm steinharten Ton. Und so geht es: Zuerst für den Brandofen ein mindestens 80 cm tiefes und 50 cm breites Loch ausheben. Das Loch nun mit trockenem Reisig füllen. Dazwischen werden vorsichtig Lehmfiguren und Gegenstände gesetzt. Wieder eine neue Lage Reisig drüber, Töpferware, und so weiter. Zum Abschluss wird über das Loch eine größere Menge Reisig und Äste aufgestellt. Das Ganze anzünden und langsam abbrennen lassen. Am nächsten Morgen kann man die hart gebrannten Tonfiguren aus der Asche klauben. Und mit etwas Glück ist (fast) alles heil geblieben.

Ekeltiere!?

Alles ist wunderbar gemacht

Typ: beobachten und forschen
Thema: Schnecken, Käfern, Spinnen, Asseln, Kröten
unvoreingenommen begegnen
Ziel: Furcht vor Ekeltieren abbauen
Jahreszeit: ebenso im Frühling und Herbst möglich
Alter: ab 5 Jahre
Teilnehmerzahl: ab 1
Zeitaufwand: wenige Minuten, zufällige Funde
Material: Lupe, Bestimmungsbuch
(Literaturtipp: s. Anhang)

Die Kinder haben beim Spiel unter dem Holzstapel eine Erdkröte entdeckt. Wie schön! Erdkröten haben unglaublich schöne Augen – wussten Sie das?

Doch die Kinder stehen vor dem handgroßen Tierlein hypnotisiert wie das Kaninchen vor der Schlange. Na los, wer traut sich und nimmt sie mal in die Hand? Keiner. Jedenfalls nicht, bevor ich es vormache und den Kindern die bildschönen Augen zeige. Nun ja, man muss die kleine Kröte ja nicht gleich küssen. Sie ist ja kein Froschkönig.

Die anfängliche Distanz gegenüber Neuem weicht jener typisch kindlichen Neugierde, von der wir Erwachsenen wieder viel übernehmen können. Die Spontaneität gerade jüngerer Kinder hilft uns dabei. Wenn nicht erzieherische Rufe der Eltern wie *„Igittigitt"* oder *„Wirf das sofort weg"* die natürlicherweise unbefangenen Annäherungen an die Natur unterbinden würden, entstünde erst gar kein Distanzgefühl. Dann macht es dem später Zehnjährigen nichts mehr aus, wenn die Spinne versehentlich über die Hand krabbelt. Und dem Achtbeiner droht für das Missgeschick, dem Menschen zu begegnen, nicht die Todesstrafe.

Es ist also gar nicht angebracht, angesichts langbeiniger Spinnen, hundertfüßiger Tausendfüßer, weißer oder brauner Mäuse, zusammengerollter Asseln oder einer Blattlauskolonie in Schreckensrufe auszubrechen und emotional wie physisch die Flucht zu ergreifen.

Die Nacktschnecke vor unseren Augen stellt abstrakte Gedankengänge auf eine harte Bewährungsprobe. Was ist schon schön an diesen Urviechern der Erdgeschichte? Schleim ist uns Menschen mit trockener Haut unheimlich. Schnecken fressen unseren Kopfsalat. Sie leben verborgen. Wie also sich annähern?

Da hilft nur ein klarer Blick. Wir betrachten die Wegschnecke, die sich langsam aus ihrer Schreckstellung entspannt, die Fühler ausfährt und von dannen kriecht, eine glitzernde Schleimspur hinterlassend. Das wirft Fragen auf. Wieso Schleim? Wie kommt man ohne Füße voran?

Den Test auf einer Glasplatte übersteht die Schnecke unbeschadet, aber wir sind hinterher schlauer. Die Lupe zeigt: Rhythmische Wellenbewegungen laufen über den „Fuß" der Schnecke und lassen sie fließen wie eine Welle am Nordseestrand. Der klebrige Schleim wirkt dabei wie Schmierseife. Als wir danach am Boden den Schneckengang üben, wird die Sache noch lustig dazu. Und auf die Frage, was wir Menschen denn von Schnecken lernen könnten, ruft ein quirliger Junge laut: *Ruhe.* Schön wär's!

Auf unserer Suche nach Toleranz gegenüber den Mitwesen sind wir dennoch ein klitzekleines Stückchen vorangekommen. Die „ekelige" Schnecke von vorhin ist zum ganz normalen Gartenbewohner geworden, dem wir achtsamer begegnen.

So ist das auch mit der haarigen Raupe, die wir mit einer Lupe erforschen. Anfassen ist inzwischen kein Problem mehr, ja zwischen den Kindern sogar ein Wettstreit geworden. Auf die Aufforderung, wer traut sich, diesen schleimigen Pilz anzufassen, findet sich immer ein erstes Kind. Dem folgt das zweite, schließlich haben es alle probiert.

War doch gar nicht so schlimm – oder? Die Frage, hinterher gestellt, relativiert die Sicht der Dinge. Aus unbegründeter Furcht wird neutrale Betrachtung. Und daraus wächst, ausgerüstet und begleitet von Hilfsmitteln wie Lupe und forschenden Fragen, Entdeckerfreude. Die heranwachsenden Kinder zeigen: Nach vielen solchen Momenten des Staunens über die kleinen und großen Wunder unserer Natur weicht anfängliche Zurückhaltung einem wohlwollenden Erleben. Aus einstiger Abscheu wird gutmütiges Interesse, ja Zuneigung, vielleicht sogar Ehrfurcht. Oder zumindest Faszination an den wunderbaren Erfindungen und Bauplänen der Natur.

Häufige „Ekeltiere"

Assel

Blattlaus

Erdkröte

Fliege

Frosch

Hundertfüßler

Käfer

Maus

Mücke

Raupe

Regenwurm

Schlange

Schnecke

Spinne

Weberknecht

Schmetterlingen nachgespürt

Auf Du und Du mit Distelfalter

Typ: beobachten und forschen, mit Sinnen erfahren
Thema: Schmetterlinge suchen und unterscheiden
Ziel: Vielfalt der Arten erkennen
Jahreszeit: ebenso im Frühling,
bedingt auch im Herbst möglich
Alter: ab 5 Jahre
Teilnehmerzahl: ab 1
Zeitaufwand: 30 Minuten
Ort: Garten, Park, Wiese
Material: Lupe, Buch über Schmetterlinge
(Literaturtipp: s. Anhang)

Der Sommer ist die Zeit der Schmetterlinge. Überall fliegen die bunten Falter. Je mehr heimische Wildpflanzen es gibt, desto größer ist die Artenzahl. In einem naturnahen Garten lassen sich 20-30 Arten finden. An einem sonnigen Tag nehmen wir uns einmal hierfür Zeit. Wir suchen die Schmetterlinge an ihren Nektarpflanzen auf oder sogar an Raupenfutterpflanzen. Die meisten Schmetterlinge sind so zutraulich, dass man sie von ganz nahem beobachten kann. Man muss sich nur in Zeitlupe an sie anschleichen – wie die Indianer. Mit bloßem Auge – oder noch besser – mit einer Lupe, kann man beobachten, wie sie ihren Rüssel ausrollen und in den Blütenkelch fahren. Wenn man seine Hände ausstreckt und ganz ruhig hält, landet vielleicht sogar ein Schmetterling darauf. Wer zukünftig Gutes tun will, kann mit den Kindern die eine oder andere Nektarpflanze bei einem Wildpflanzenproduzenten bestellen und sie in ein Blumenbeet pflanzen. Auch aussäen kann man sie (siehe S. 80 Wildblumenwiese anlegen). Und noch etwas gehört dazu: Toleranz gegenüber einem bisschen Wildnis. Denn gerade dort, wo es angeblich unaufgeräumt und unordentlich ist, kann die Natur sich entfalten. Dort wachsen beispielsweise einige Brennnesselarten, die Futterpflanzen von 31 verschiedenen Schmetterlingsarten, darunter so bekannten und schönen wie Admiral, Tagpfauenauge, Kleiner Fuchs, Landkärtchen.

Nektarpflanzen für Falter

Astern
Flockenblumen
Gelbe Skabiose
Natternkopf
Nelken
Kugeldistel
Schmetterlingsflieder
Spornblume
Taubenskabiose
Thymian
Wiesenknautie
Wiesenschaumkraut
Wilde Karde
Wilder Majoran
Wundklee

Raupenfutterpflanzen

Brennnessel
Disteln
Flockenblumen
Gräser
Hornklee
Königskerzen
Salweide
Sauerampfer
Schlehe
Wegerich
Weidenröschen
Weißdorn
Wiesenlabkraut
Wiesenschaumkraut
Wildapfel
Wilde Möhre
Wundklee

Häufige Schmetterlinge im Garten

Name	Flugmonate*
Abendpfauenauge	5–7
Admiral	6–10
Aurorafalter	4–6
Bläuling	5–8
C-Falter	3–10
Dickkopffalter	6–8
Distelfalter	6–9
Kleiner Fuchs	3–4 6–10
Kohlweißling	4–10
Landkärtchen	4–5 7–8
Ochsenauge	6–8
Schornsteinfeger	7–8
Schwalbenschwanz	4–9
Tagpfauenauge	3–5 7–8 9–10
Taubenschwänzchen	6–9
Weinschwärmer	5–8
Zitronenfalter	2–7 7–8

*) 3 = März, 4 = April, etc.

Insekten auf Blüten

Vorsicht Tiefflieger!

Typ: beobachten und forschen, mit Sinnen erfahren
Thema: bewusst sehen und unterscheiden
Ziel: Vielfalt der Blumen erkennen
Jahreszeit: ebenso im Frühling möglich
Alter: ab 7 Jahre
Teilnehmerzahl: ab 1
Zeitaufwand: 30 Minuten
Ort: Garten, Park, Wiese
Material: Kopiervorlagen von Insekten und Blütentypen, Insektenfangnetz oder Teichkescher, Tablettenröhrchen, Marmeladengläser, Becherlupe, Bestimmungsbücher zu Insekten und Blumen (Literaturtipps: s. Anhang)

Vorsicht Tiefflieger! Auf Blumenwiesen und Wildblumen am Straßenrand oder im Garten ist Hochsaison. Überall brummt und summt, flattert und krabbelt es. Bunte Schmetterlinge gaukeln durch die Luft, mächtige Hummeln brummen vorbei, Schwebfliegen sirren heran, um wie Hubschrauber in der Luft über Blüten zu stehen. Es lohnt sich, ein paar Minuten zu opfern und einmal nachzuschauen, wer da so alles herumfliegt. Am besten nimmt man sich eine bestimmte Blütenpflanze vor und versucht herauszufinden, wer sie besucht. Mit einem selbst gebastelten Insektennetz (aus Gardinenstoff, Drahtkleiderbügel und Weidenstock) oder mit einem Teichkescher kann man vorsichtig einige der Flieger einfangen. Größere Insekten in ein Marmeladenglas bugsieren, kleinere in ein leeres Tablettenröhrchen. Noch besser ist eine Becherlupe, die geschickte Kinder gleich zum Tierfang einsetzen können, um dann darin die Tiere zu betrachten. Mit Hilfe eines einfachen Bestimmungsbuches für Insekten bekommt man ziemlich schnell mit, um welch eigenartiges Wesen es sich da handelt. Wer noch nicht Experte in Sachen tierische Tiefflieger ist, muss nicht zu tief ins Fachliche einsteigen.

Die Umrisszeichnungen wichtiger Blütenbesucher kann man sich heraus-
kopieren und als Vorlage verwenden. Fürs Erste reicht es, herauszube-
kommen, ob das da eine Biene, eine Schwebfliege, Fliege oder Hummel ist.
Vielleicht auch ein Käfer oder eine Wanze. Schmetterlinge erkennt sowieso
jeder, aber vielleicht findet man ja mit einem Schmetterlingsbuch sogar die
Art heraus. Also Tagpfauenauge, Kohlweißling oder Kleiner Fuchs. Wer ganz
ausgefuchst ist, merkt schon bald, dass an bestimmte Blütenformen nur
bestimmte Insekten gehen. An offene Korbblüten wie von Margerite und
Flockenblumen finden sich andere Insekten als in den Röhren von Glo-
ckenblumen. Und bei engen Blüten (Nelke) kommt man nur mit bestimmten Mund-Werkzeug (Schmetterlingsrüssel) weiter. Jedes Insekt hat ganz
spezielle Saug- oder Tupfwerkzeuge. Sie erlauben den Besuch bestimmter
Blüten. Wichtig: Alle gefangenen Tiere nur kurz betrachten und danach
sofort wieder freilassen.

Wildblumenwiese anlegen

Für Schmetterlinge und Hummeln

Typ: beobachten und forschen, basteln, experimentieren
Thema: ein Stückchen Wildblumenwiese anlegen
Ziel: natürliche Vielfalt erzeugen und erfahren
Jahreszeit: ebenso im Frühling möglich
Alter: ab 7 Jahre
Teilnehmerzahl: ab 1
Zeitaufwand: 3-5 Stunden
Ort: Garten, Wiese
Material: Sand/Kies, Schaufel, Spaten, Rechen, Schubkarre, Wildblumensaatgut, evtl. Literatur zum Thema (Literaturtipps: s. Anhang)

Eine Wildblumenwiese ist mit über 3000 tierischen Bewohnern der artenreichste Lebensraum in unseren Breiten. Überdies ist sie das fast schönste Stück Natur, was man sich vorstellen kann. Probieren wir es doch mal im (Kinder-)Garten aus? Am besten geeignet ist eine Fläche, die nicht zu stark betreten wird. Vielleicht finden wir ein paar Quadratmeter in der Sonne oder im Halbschatten. Doch damit eine Einsaat möglich wird, muss man den nährstoffreichen Gartenboden etwa 10 cm tief abtragen. Vorhandenen Rasen oder Graswiese ebenso tief entfernen und das Loch mit Sand auffüllen, Sand und Unterboden kräftig vermischen und einsäen. Fragt sich nur noch, woher das Saatgut nehmen? Bitte nicht vom Gartencenter. Gutes Saatgut gibt es z.B. über die Wildpflanzenproduzenten des Naturgarten e.V. Es kostet etwa 50 Cents pro Quadratmeter. Die Ansaatfläche 6 Wochen lang feucht halten. Damit man nicht aus Versehen darüberläuft, kann man sie mit Baumstämmen oder Steinen einfassen oder gleich etwa 20-30 cm höher legen. So entsteht sogar eine kleine Sitzmauer.

Pflanzenporträt

Flockenblumen einmal näher betrachtet

Flockenblumen gehören zu den wichtigsten Arten der Blumenwiese. Als eher späte Blüher bringen sie die bunte Lebendigkeit des Hochsommers zum Ausdruck. Und wirken dabei magnetisch auf Insekten. 32 verschiedene Wildbienenarten sammeln Pollen, die Blüten werden umschwärmt von Schmetterlingen aller Art und von den Blättern ernähren sich die Raupen der seltenen Scheckenfalter und Widderchen. Sehr schön zu beobachten ist auch die spätsommerliche und winterliche Samenernte durch Distelfink oder Grünfink, Dompfaff und Goldammer. Bei so einem hohen ökologischen Wert lohnt sich jede Pflanze. Man kann die drei unten genannten Arten auf nährstoffärmeren Böden in Gruppen zu 5–6/m² pflanzen oder einzeln mit 1–2 Stück/m² zusätzlich in die Ansaat der Blumenwiese hinein.

Flockenblumen für den Garten

Deutscher Name	Botanischer Name	Blütemonat*	Blütenfarbe	Höhe in cm
Wiesenflockenblume	Centaurea jacea	6–10	violett	40– 80
Skabiosenflockenblume	Centaurea scabiosa	6–9	violett	60–160
Rispenflockenblume	Centaurea stoebe	6–10	hellviolett	40–100

*) 6 = Juni, 9 = September, etc.

Geländegestaltung

Wir bauen unseren Traumgarten

Typ: beobachten und forschen, mit Sinnen erfahren, basteln

Thema: mit Naturmaterial einen Fantasiegarten bauen

Ziel: kreativ sein, Ideen zur Außengeländegestaltung entwickeln

Jahreszeit: ebenso im Frühling, bedingt auch im Herbst möglich

Alter: ab 5 Jahre

Teilnehmerzahl: ab 4

Zeitaufwand: 3–5 Stunden

Ort: Haus, (Kinder-)Garten, Wiese

Material: Ästchen, Baumrinde, Bindedraht, Blumen, Erde, Folienreste, Fotoapparat, Gras, Karton, Kies, Kleber, Lehm, Malfarben, Messer, Moos, Obstkistchen, Papier (auch buntes), Pflanzenstängel, Sägemehl, Sand, (Garten-)Schere, Schnur, Steine, Wasser, Weidenzweige, Wildfrüchte, Sammelkörbe oder -taschen, evtl, Literatur zum Thema (Literaturtipp: s. Anhang)

Kinder haben großen Spaß, kreativ frei oder zielgerichtet Landschaften aus Naturmaterialien zu bauen. Der Aufwand ist nicht so groß, wie es scheint, da schon die Materialbeschaffung zum Riesenspaß wird. In Garten, Park oder Wald wird man schnell fündig. An brauchbaren Dingen fehlt es wahrlich nicht: Pflanzenteile, Früchte, Blumen, Moos, Kies, Sand, Erde – alles kann irgendwie und irgendwo verarbeitet werden. Nach dem großen Sammeln geht es zurück und spätestens am nächsten Tag beginnt das große Basteln. Dazu braucht man ausrangierte Obstkistchen vom Supermarkt (günstig, um die Modelle aufzuheben) oder Sie verwenden einfach einige Tische für die Modelle, die Sie mit Plastikfolie vor Nässe und Dreck schützen. Wichtig ist es, dass die Kinder ein klares Ziel vor Augen haben. Dazu einige vorbereitende Fragen.

„Stellt euch vor, ihr dürft einen Garten so schön wie das Paradies bauen, in dem Menschen, Pflanzen und Tiere in Frieden miteinander leben! Wie könnte so ein Garten aussehen? Welche Form hat er? Woraus besteht er? Was brauchen Menschen, Tiere und Pflanzen, damit sie sich wohlfühlen? Wovon leben sie? Wo wohnen sie?"

Eine andere Möglichkeit: „Stellt euch vor, ihr dürftet einen Garten für Kinder bauen. Wie soll er aussehen? Ist er eben oder hügelig? Gibt es Verstecke und geheime Plätze? Gibt es Erde, Wiese, Steine, Sand oder sogar Wasser? Was kann man in diesem Garten alles spielen? Wachsen dort Pflanzen, große oder kleine? Wie sieht es mit Blumen aus, mit Bäumen? Leben Tiere darin, wenn ja, wo?"

Mit Fragen wie diesen wird die Fantasie der Kinder angeregt und sie bekommen Ideen, wie sie ihre eigene Welt bauen können. Gebaut wird am besten in Kleingruppen von 2–3 Kindern. Mit Hilfe der Naturmaterialien, etwas Kleber, Schnur und Farben entstehen so im Handumdrehen kreative Landschaften. Am Ende dürfen die Erbauer der Gruppe ihre Einfälle erklären. Und zum Schluss werden, bevor die Pflanzen verwelken, noch Fotos gemacht.

Wenn die Möglichkeit besteht, das Außengelände tatsächlich umzugestalten, so eignet sich der Modellbau, um herauszufinden, was sich die Kinder vorstellen und wünschen. Mit Hilfe eines Fachberaters für Natur-Erlebnis-Räume kann daraus ein Planungsprozess werden, der letztlich zur Umgestaltung des Kindergartengeländes mit Hilfe von Eltern führt. Dieser Prozess ist dokumentiert im Buch „Natur-Erlebnis-Räume (siehe Anhang).

Frucht-Blatt-Rätsel

Wer kennt sich aus?

Typ: beobachten und forschen, mit Sinnen erfahren, spielen
Thema: Früchte und Blätter raten
Ziel: Pflanzen kennen lernen
Jahreszeit: bedingt auch im Frühling und Sommer möglich
Alter: ab 5 Jahre
Teilnehmerzahl: ab 2
Zeitaufwand: 10 Minuten
Ort: Garten, Park, Wald, Wiese
Material: Sammelbeutel, Tuch, Bestimmungsbuch für heimische Bäume und Sträucher (Literaturtipp: s. Anhang)

Diese Spielaufgabe ist ganz einfach. Man sammelt einige Blätter und Früchte von Bäumen und Sträuchern – ein kleiner Streifzug durch Natur und Garten liefert uns schnell das Material von 5–10 Gehölzen. Im Frühling und Sommer können sogar Blüten dabei sein. Es sollte sich um bekannte Arten handeln wie Kastanie, Linde, Eiche und Birke, vielleicht kann man aber sie auch noch um ein paar nicht so bekannte (Vogelkirsche, Vogelbeere, Buche) ergänzen. Das Rätselspiel lässt sich für ältere Kinder erschweren, indem man noch Sträucher hinzunimmt, wie Haselnuss, Pfaffenhut, Hartriegel. Das Rätsel wird folgendermaßen gespielt: Es liegen von verschiedenen Gehölzerarten Früchte und Blätter aus: Hagebutten und Wildrosenblätter, Bucheckern und Buchenblätter, etc. Sie werden bunt gemischt auf Tisch oder Tuch gelegt und nun müssen die Dinge nicht nur benannt, sondern auch richtig in Paaren zugeordnet werden: Das richtige Blatt zur Frucht oder Blüte. Jedes erkannte Blatt und jede Frucht gibt einen Gewinnpunkt. Mal sehen, wer sich auskennt?

Tipp: Gehölze finden

Anders als beim Naturmemory (siehe S. 15) geht es hier darum, in der Umgebung die zu den Früchten und Blättern passenden Sträucher und Bäume zu finden.

Wildsträucherspaziergang

Bunt, bunt, bunt ist alles

Typ: beobachten und forschen, mit Sinnen erfahren, basteln
Thema: Vielfalt und Wert von Wildsträuchern
Ziel: heimische Sträucher kennen lernen
Alter: ab 5 Jahre
Teilnehmerzahl: ab 2
Zeitaufwand: 2–3 Stunden
Ort: Garten, Park, Wald
Material: Stoffbeutel oder Gefäß zum Sammeln,
Schreibzeug, Karton, Rucksack, Kleber, Bestimmungsbuch
für heimische Sträucher (Literaturtipp: s. Anhang)

Der Herbst offenbart uns mit seinem Malkasten der Naturfarben bunteste Vielfalt. Ein Heckenspaziergang ist eine schöne Beschäftigung, um sich im frischen Herbstwind ein bis zwei Stunden spielerisch mit dem Thema Wildsträucher zu beschäftigen.

Schon von weitem lockt das bunte Laub zur Feldhecke hin. Gelbe Schlehenblätter wechseln sich mit braungrünen Wildäpfeln und Wildbirnen ab. Das feuerrote Blattwerk des Gemeinen Schneeballs kontrastiert mit dem Grüngelb von Liguster und Heckenkirsche. Herbstzeit, Blätterzeit, Farbenzeit. Nicht zu vergessen die leuchtenden Früchte der Saison. Knallrot vom Weißdorn. Und neben blau bereiften Schlehenkugeln hängen lilaorange Pfaffenhütchen. Ein Feuerwerk der Farben und Formen.

Zunächst müssen Sie sich mit den Kindern auf die Suche nach einer Feldhecke machen. Man findet sie oft am Ortsrand, am Rande von Baugebieten oder in freier Flur. Jetzt sammeln wir Blätter in einen Beutel. Die gestellten Aufgaben können sehr verschieden sein:

Man kann an einem Strauch stehen bleiben und alle Blattfarben suchen. Der Gemeine Schneeball variiert im September noch von dunkelgrün bis leicht braunrot über leuchtend rot. Beim Wildapfel finden wir grüne, gelbe und braune Blätter nebeneinander.

Die Farben können daheim nach Intensität auf ein weißes Tuch oder ein Stück Pappe aufgereiht werden. Mit Kleber befestigen wir sie auf dem Karton (siehe Malerpalette S. 67).

Jüngere Kinder bekommen die Aufgabe, große, mittlere und kleinere Blätter zu finden und zu schauen, welche Formen es überhaupt gibt. Der Gemeine Schneeball ist fast handtellergroß und mehrlappig, die Schlehe misst kaum mehr als zwei Fingernägel. Dazwischen liegen Pfaffenhütchen, Kreuzdorn, Weißdorn: Blattformen als Ausdruck natürlicher Vielfalt. Zuhause können die Kinder die Blätter auf Zeichenpapier abpausen und bunt anmalen.

Größere Kinder sind mit Begeisterung dabei, wenn es darum geht, die verschiedenen Straucharten zu entdecken und von jeder einige Blätter abzupflücken.

Natürlich locken Wildfrüchte um diese Jahreszeit besonders. Wir erlauben uns, von jeder Art einige abzupflücken. Dabei wird gleich gelernt, dass nicht alles, was schön aussieht, auch gut schmeckt oder für Menschen genießbar ist. Anfassen darf man aber alle Wildfrüchte, auch die wunderschönen, aber giftigen Pfaffenhütchen. Sie werden von Rotkehlchen trotzdem liebend gern gefressen. Ohne Schaden, mit Genuss.

Die Buntheit der Früchte soll Vögel dazu locken, die Früchte zu fressen. Dadurch, dass die Vögel die Samen wieder ausscheiden, verbreiten sich die Pflanzen. Die Vogelbeere lockt sage und schreibe 63 Vogelarten an, der Rote Holunder immerhin noch 48, Weißdorn 32 und Pfaffenhütchen 24. Nicht schlecht, Herr Specht, der übrigens selbst zu den Fruchtliebhabern gehört.

Vögel helfen Wildsträuchern bei der Verbreitung. Und die Kinder helfen Vögeln mit Wildsträuchern. Die gesammelten Fruchtbeispiele müssen nicht weggeworfen werden. Die Kinder können sie später mit nach Hause nehmen, um sie auf einem Teller zu trocknen. Als Original-Vogelfutter für kalte Tage (siehe Wintergäste am Vogelhaus, S. 109).

Zum Abschluss der Wanderung legen wir alle von Kindern gesammelten Blätter oder Früchte auf ein großes Tuch und bringen Ordnung in die Vielfalt. Pro Art gibt es einen Blätterhaufen. Wer ein Bestimmungsbuch dabei hat, kann dort einmal nachblättern, kleine Karteikärtchen oder Zettel beschriften und neben die Haufen legen. Ältere Kinder schreiben Namensschilder: Weißdorn, Schlehe und Wildrose.

Wer zu Hause etwas Vergnügliches tun möchte, nimmt Blätter mit und presst sie zwischen Lagen aus Zeitungspapier und Büchern (siehe Pflanzen pressen, S. 69). Daraus kann man sogar eine kleine Wildsträucherausstellung machen.

Als wir nach Hause gehen, beschließen wir, dass wir auch in unserem Garten heimische Sträucher pflanzen. Schon wegen der Vögel.
(siehe Wildsträucher pflanzen, S. 119).

> **Tipp: Blätter-Tastspiel**
>
> Aus einem Haufen zehn gleicher Blätter müssen mit verbundenen Augen zwei andersartige herausgetastet werden. Wer ist der Tastkönig?

Blätter-Spiele

Unterwegs mit Heribert Herbst

Typ: beobachten und forschen, mit Sinnen erfahren, spielen
Thema: Früchte und Blätter raten
Ziel: Pflanzen kennen lernen
Jahreszeit: bedingt auch im Frühling und Sommer möglich
Alter: ab 5 Jahre
Teilnehmerzahl: ab 2
Zeitaufwand: 2–3 Stunden
Ort: Wald
Material: Stoffbeutel oder Gefäß zum Sammeln, Schreibzeug, Karton, Rucksack, Kleber, Streichhölzer oder Holzspieße, Bestimmungsbuch für heimische Bäume und Sträucher (Literaturtipp: s. Anhang)

Unausweichlich steht er schon wieder vor unserer Haustür: Heribert Herbst. Alle kennen ihn, denn er ist der berühmteste Maler der Natur. In der Jahreszeit gleichen Namens – also im Herbst – ist er am eifrigsten. Mit seinem unsichtbaren Zauberpinsel geht er durch den Blätterwald und malt, was er kann. Dabei ist er sehr einfallsreich und färbt nichts gleich ein. Birken und Buchen macht er gelb, Ahorn gelb oder rot. Auch Kirschen werden noch einmal kirschrot, genauso wie der wilde Wein. Doch auch Brauntöne finden wir, am Apfelbaum, am Holunder. Und weil er auch das Grün an manchen Stellen noch lässt, wird der Herbstwald kunterbunt. Das alles bringt uns viel Spaß. Da seht ihr erst einmal, wie viel Arbeit Heribert Herbst hatte. Denn der hat sich das alles ausgedacht! Oder etwa nicht?

> **Tipp: Blätterkranz**
>
> Aus Ahornblättern flechten wir einen Kranz für die Herbstkönigin. Wir brauchen große Blätter vom Spitz- oder Bergahorn mit langen Stielen. Das Sammeln macht viel Spaß. Geflochten wird ohne Hilfsmittel, denn die Blattstiele sind elastisch und zäh. Übrigens: Blattkränze kann man aufhängen und trocknen. Ahorn hält sich sehr lange.

Im Laubhaufen

Wir sind die Erde

Typ: beobachten und forschen, mit Sinnen erfahren, spielen
Thema: im Laubhaufen liegen
Ziel: Kontakt zur Erde bekommen
Alter: ab 7 Jahre
Teilnehmerzahl: ab 2
Zeitaufwand: 30 Minuten
Ort: Wald, Wiese
Material: trockenes Herbstlaub

Ein sonniger, trockener Herbsttag in einem Laubwald ist der rechte Zeitpunkt und Ort. Auch eine große Wiese, auf der noch viel Laub liegt, wäre geeignet. Dies ist eines der innigsten Naturerfahrungsspiele für Kinder (und Erwachsene). Doch es braucht gute Einstimmung. Im Vorfeld erforschen wir den Laubwald (siehe auch Bodenuntersuchung S. 42). Welche Tiere leben im Laub? Beim Durchstöbern stößt man auf allerlei Krabbeltiere. Vielleicht trauen sich die Kinder, einige davon in die Hand zu nehmen und bauen dadurch eventuell sogar Ängste ab. Eine dynamischere Möglichkeit der Annäherung wäre eine Laubschlacht.

Doch danach wird es wieder ruhiger. Wir raffen Laub zu Haufen zusammen und die Kinder legen sich auf die Erde und bedecken sich gegenseitig damit. Den letzten hilft der Erwachsene. Das Laub wird über den ganzen Körper bis zum Gesicht aufgeschichtet, so dass nur die Augen frei bleiben. Nur sauberes, trockenes Laub ist geeignet. Sind alle bedeckt, werden wir ruhig und bewegen uns nicht mehr. Wir spähen in die Bäume, lassen Wolken ziehen, hören dem Wind zu, lauschen Vögeln und anderen Tieren. Wir werden zu einem Stück Erde und erfahren, wie das ist: einfach da zu liegen und alles erdulden zu müssen, was auf und mit uns passiert. Dazu gehört auch das Krabbeln einiger Käfer, an die wir uns vorher gewöhnt haben. Auch Fliegen und Mücken mögen uns stören, wir bleiben unbewegt. Wir versuchen, den Erdboden bewusst unter uns wahrzunehmen, zu spüren, wo sich Rumpf, Arme, Beine und Kopf befinden. Und je ruhiger wir werden, umso stärker können wir die unglaubliche Ruhe, Kraft und Verbundenheit mit der Erde erfahren, die uns trägt und hält. Wir sind die Erde.

Es ist wichtig, dass es wirklich still ist, damit diese Wirkung auch eintritt. Es ist eine Mischung zwischen Machtlosigkeit und Verletzlichkeit auf der einen Seite und einer grenzenlosen Energie, dem Einssein mit allem Irdischen auf der anderen Seite. Man sollte vorher ankündigen, dass die Kinder aus ihrem Erdendasein durch ein deutliches Zeichen erweckt werden, damit sie nicht ungeduldig werden. 15-20 Minuten im Laubhaufen still zu liegen, ist nicht zu lang. Wenn Sie besondere Unruhestifter in der Gruppe haben, sollten Sie diese abseits positionieren, damit sie die anderen nicht stören. Nach dem Aufwecken sollten Sie sich mit den Kindern zusammensetzen und über Gefühle und Erlebnisse sprechen.

Monstertiere

Mit Stock und Stein

Typ: beobachten und forschen, spielen, basteln
Thema: aus Naturmaterialien Fantasietiere bauen
Ziel: kreativ sein
Jahreszeit: bedingt auch im Frühling,
Sommer und Winter möglich
Alter: ab 5 Jahre
Teilnehmerzahl: ab 2
Zeitaufwand: 1–2 Stunden
Ort: Garten, Park, Wald
Material: Schnur, Naturdinge

Solche Fantasiewesen kann man eigentlich zu jeder Jahreszeit entstehen lassen, doch im herbstlichen Wald ist es besonders schön. Denn ein Ausflug in die Natur (siehe Abenteuerspaziergang, S. 29) beschert einem oft skurrile Fundstücke. Ein aberwitzig gewachsenes Holzstück, ein modernder Baumstumpf (für Hartgesottene auch: ein ausgeblichener Rehschädel im Laub) warten geradezu darauf, dass wir damit kreativ umgehen.

Die Umgebung stellt uns jede Menge Naturmaterial bereit. Trockene Äste, morsche Baumstämme, Moos, Früchte, Blätter, Erde, Schlamm können gestaltet werden und kommen dazu auf unseren Bauplatz. Klar ist, dass es auf jeden Fall ein Monster geben muss, doch – Hilfe – wie sieht ein Monster wirklich aus? Wir fantasieren und bauen am besten frei drauflos, da kommen Ideen wie von alleine. Ein bisschen Schnur hält lose Teile zusammen und nach einer halben Stunde lustiger Sucherei und Bauerei steht das gemeingefährliche Untier tatsächlich am Wegrand bereit, jeden harmlosen Wanderer mit einem gewaltigen Sprung zu überfallen.

Feld-, Wald- und Wiesenausstellung

Im Museum der Schöpfung

Typ: Lupe, beobachten und forschen, spielen, basteln
Thema: mit Naturmaterialien einen Lebensraum darstellen
Ziel: Vielfalt eines Lebensraumes begreifen
Jahreszeit: auch im Frühling und Sommer möglich
Alter: ab 5 Jahre
Teilnehmerzahl: ab 2
Zeitaufwand: 1–2 Stunden
Ort: Garten, Park, Wald, Wiese, Wasser
Material: Sammelbeutel oder Gefäß

Die Vollkommenheit der Natur erkennt man oft erst nach intensiver Betrachtung. Deshalb hier ein sehr besinnlicher Vorschlag, bei dem selbst unruhige Geister ein erreichbares Ziel bekommen und voller Inbrunst mitmachen können. Er spricht aber genauso die stillen, in sich gekehrten Kinder an. Der Ort ist variabel: Eine Wiese, eine Hecke, der Waldrand, längs des Bachufers, am See. Die Aufgabe für die Kinder lautet, eine Ausstellung mit den interessantesten und spannendsten Dingen aus dieser Lebenswelt zusammenzustellen. Demnächst werden nämlich Außerirdische erwartet. Die Ausstellung sollte Ortsfremden zeigen und erklären können, was den gewählten Lebensraum eigentlich ausmacht. Die Ausstellung sollte aus typischen Dingen des Lebensraums bestehen und an einem kleinen Platz stattfinden. Soweit die Aufgabenstellung.

Doch was ist eigentlich eine Hecke? Was ein Wald? Was kennzeichnet jene Wiese? Die frei gestellte Aufgabe wird von Kindern oft unorthodox und kreativ gelöst. Sie sammeln alles Mögliche: Vom feuchten Moos über Baumrinde, Früchte, Blätter, Erde, Tierspuren. Damit machen sie sich und den Außerirdischen ein Bild von einem Lebensraum, das Erwachsene schon in Erstaunen versetzen kann.

Tarntiere und Warntiere

Anpassung ist alles

Typ: beobachten und forschen, mit Sinnen erfahren, spielen, basteln
Thema: Warn- und Tarntiere kennen lernen
Ziel: Aussehen von Tieren als Anpassung an die Umwelt verstehen
Jahreszeit: ebenso im Frühling und Sommer möglich
Alter: ab 5 Jahre
Teilnehmerzahl: ab 4
Zeitaufwand: ein Vor- oder Nachmittag
Ort: Garten, Park, Wiese, Wald
Material: Pappkarton, Kleber, Tesafilm, Farben, Schere, Seil, süße und bittere Bonbons, Lupen, Fanggefäße (Marmeladengläser mit Deckel, Filmdöschen), evtl. Kescher

Tarnen oder warnen? Es gibt Tiere, die sehen aus wie ihre Umgebung. Sie tarnen sich mit grünen oder braunen Farben, sehen aus wie Gras oder Laub und es fällt schwer, sie zu entdecken. Das trifft etwa auf Heuschrecken, Blattkäfer, Grillen, Blattläuse oder Ameisen zu. Sie sind Tarntiere.

Andere Tiere sehen so aus, dass man sie sofort erkennt. Sie sind auffällig gefärbt, typisch dafür ist die Wespe mit ihren gelb-schwarzen Streifen auf dem Hinterleib. Auch Marienkäfer oder Feuerwanzen haben so deutliche schwarz-rote Farbmuster, dass sie keinesfalls übersehen werden. Das sind die Warntiere.

Doch warum sind manche Tiere auffällig, andere nicht? Das kann man mit Hilfe eines Spiels klären. Dazu werden zunächst Tarn- und Warntiere gebastelt, zum Beispiel Käfer. Als Erstes kommt der auffällige Marienkäfer dran. Jedes Kind malt mit wenigen Strichen einen Marienkäfer auf einen Karton und malt ihn aus – schön rot-schwarz. Denn Schwarz passt gut zum Rot. Das ist richtig auffällig.

Nun werden die Käfer ausgeschnitten. Die sehr individuellen Basteltiere werden eingesammelt. Die nächste Aufgabe ist, einen Laubkäfer auszumalen und auszuschneiden. Laubkäfer? Wie sehen die denn aus? Die Kinder überlegen eine Zeitlang. Die Erwachsenen helfen mit Fragen weiter. Sind die poppig bunt? Braun wie Herbstlaub? Oder grün wie das pure Gras? Nein, bunt ist so ein Käfer doch nicht. Wir entscheiden uns für Grün. Beine, Fühler, Kopf, fertig ist das Käfertier. Die fertigen Käfer

werden eingesammelt und verschwinden zunächst einmal spurlos in einer Kiste. Möglichst unbemerkt werden Bonbons an den flachen Pappbauch der Käfer geklebt. Unter den grasgrünen Vertreter haften bald wohlschmeckende Schokobonbons, unter die Marienkäfer aber möglichst bittere, möglichst ekelig schmeckende Hustenbonbons.

Entlang einer festgelegten Strecke von gut 15 Metern entlang eines Seils, eines Zaunes oder Weges werden im Wiesengras die grasgrünen und schwarz-roten Attrappen „versteckt". Mehr oder weniger sichtbar sitzt da nun eine Abteilung der Käfer Coleopappus miraculus, der wundersamen Pappkäfer.

Nun fassen sich alle an den Händen. Die Menschenschlange zieht nicht zu langsam an der ausgelegten Strecke vorbei. Die eine Hälfte der Kinder zählen rote Marienkäfer, die anderen die grünen. Die erste Auswertung ergibt, die Marienkäfer sind noch alle da, aber von den grünen Exemplaren scheinen einige verschwunden zu sein.

Um das zu ergründen, wird der Suchtrupp ein zweites Mal als Schlange vorbeigeführt. Und tatsächlich, das eine oder andere Käferlein grüner Farbe taucht doch noch auf! Jetzt darf sich jeder einen Käfer suchen und das darunter versteckte Bonbon probieren. Die einen Bonbons munden hervorragend, die anderen aber – igittigitt.

Jetzt überlegen alle, warum die roten Käfer nicht schmecken? Es darf frei geraten werden. Schon bald kommt aus dem Kreis der Kinder die richtige Antwort. Damit ein Vogel oder ein anderes Tier den Käfer nicht frisst.

Jetzt wissen alle Kinder mit den schlecht schmeckenden Bonbons, wie es einem Vogel ergeht, der zum ersten Mal ein solches Warntier gefangen hat. Das macht er nie mehr und merkt sich für immer, dass eine rot-schwarze Färbung eine Warnung ist, die heißt: Achtung, ich schmecke ziemlich übel. Sie kann auch heißen: Vorsicht, ich bin giftig. Oder wie bei gelb-schwarzen Wespen: Aufgepasst, ich bin gefährlich und steche.

Marienkäfer gehören also zu den auffällig gefärbten Warntieren. Sie schützen sich (wie Wespen) durch ihre besondere Färbung.

Anders mit den grasgrünen Laubkäfern. Die schmecken so gut, dass sie sich schützen müssen. Sonst werden sie sofort gefunden und verspeist. Am besten helfen sie sich, indem sie genauso aussehen wie ihre Umgebung. Grün oder braun eben. Sie sind völlig unauffällig, getarnt, ein Tarntier.

Und jetzt suchen und fangen wir in Wiese, Hecke und Wald noch mehr Tarn- und Warntiere, aber lebendige. Schon bald kommen die Kinder mit ersten Fängen herbei und schauen sich die Tiere mit Lupen genauer an. Dann werden sie sofort wieder befreit. Die Wiese ist voll von Kleintieren.

Zu den Tarntieren gehören Heuschrecken, Spinnen, kleine schwarze oder braune oder grüne Fliegen oder Raupen. Doch auch Warntiere gibt es: Marienkäfer mit gelb-schwarzer und rot-schwarzer Warnfärbung. Auch Schwebfliegen, die aussehen wie stechlustige Wespen, schwirren ungefährdet herum. Doch das ist nur ein schlauer Trick. Denn Schwebfliegen sind völlig ungefährlich und können gar nicht stechen. Sie machen in der Färbung nur die wehrhaften Wespen nach.

Darauf fallen nicht nur die Vögel rein. Auch wir Menschen haben oft Angst vor den harmlosen, nützlichen Blütenbesuchern.

Schneckenrennen

Wer ist die Langsamste?

Typ: beobachten und forschen, mit Sinnen erfahren
Thema: mit Schnecken ein Wettrennen veranstalten
Ziel: Ekel vor Schnecken überwinden
Jahreszeit: ebenso im Frühling und Sommer möglich
Alter: ab 5 Jahre
Teilnehmerzahl: ab 2
Zeitaufwand: 15 Minuten
Ort: Haus, Garten, Park, Wiese
Material: Gehäuseschnecken, Kreide, Salatblatt

Viele Menschen und leider auch schon Kinder haben eine Abscheu vor Schnecken. Mit dieser kleinen spielerischen Untersuchung sollen Berührungsängste abgebaut werden. Dazu brauchen Sie lebendige Gehäuseschnecken – und zwar so viele, wie es Mitspieler gibt. Es ist sicher keine Tierquälerei, wenn Sie Schnecken für ein Viertelstündchen aus ihrem grünen Schlaraffenland nehmen und auf Ihre Rennbahn setzen. Die Rennbahn ist nichts anderes als eine gerade Strecke, also ein Stück Weg, das Pflaster oder die Terrasse. Um eine richtige Bennbahn zu haben, können Sie noch Kreidestriche ziehen, das Ziel markieren und hoffen, dass Schnecken das akzeptieren. Auf los geht's los: Die Rennschnecken werden nebeneinander auf ihre Bahn gesetzt. Und nun brauchen wir Geduld, denn das Rennen läuft ja im Schneckentempo. Lustig ist es allemal, weil sich Schnecken für gewöhnlich nicht an Rennbahnen oder Richtungen halten und manche überhaupt gar nicht kriechen wollen. Wie auch immer, Sieger oder Verlierer bekommen als Belohnung ein grünes Kopfsalatblatt und werden alsbald wieder an jener Stelle entlassen, von der wir sie hergeholt haben.

Spinnennetze

Hallo, wohnt hier jemand?

Typ: beobachten und forschen, mit Sinnen erfahren
Thema: Spinnennetze erforschen
Ziel: Spinnen als Kunsthandwerker kennen lernen
Alter: ab 5 Jahre
Teilnehmerzahl: ab 1
Zeitaufwand: 15 Minuten
Ort: Garten, Park, Wald, Wiese
Material: Lupe, Becherlupe

Wenn im September der Altweibersommer ansteht, kommt für uns Tier-forscher die Zeit der Spinnennetze. Am besten ziehen Sie gleich in der Früh los, wenn der Morgentau die seidigen Gespinste noch silbrig färbt, mit nichts anderem bewaffnet als mit Lupe und Becherlupe. Ziel sind Spinnen-netze in der Wiese oder über den Büschen. Als Einführung vielleicht etwas Materialkunde für die Kinder: Spinnennetze bestehen aus feinstem seiden-ähnlichem Material. („ Wer von euch hat einen Pulli oder ein Hemd aus echter Seide?") Diese seidenfeinen Fäden werden in Spinndrüsen am Hinterleib erzeugt. Wäre ein Netzfaden ebenso dick, würde er mehr aushalten als ein Stahlseil. Außerdem ist er vielmals elastischer. Um Tiere zu fangen, kleben viele Spinnen Klebstoff auf die Fäden. Und noch was zum Thema Umwelt-schutz: Braucht die Spinne ihr Netz nicht mehr, frisst sie es auf und macht daraus ein neues. Wir sehen: Spinnen sind spannende Tiere und jetzt wol-len wir die Netze mit Lupen genau betrachten. Wo wohnt denn hier die Hausherrin? Entweder mitten im Netz oder abseits verborgen unter einem Halm oder Blatt, aber stets mit einem eigenen Signalfaden wie durch eine Telefonleitung mit dem Netz verbun-den. Wo hängen Signalfäden? Vielleicht finden und fangen wir mit der Becherlupe sogar ein Tier und betrachten die Punktaugen, die haarigen Beine und die Spinndrüsen am Hinterleib.

Netzformen von Spinnen

Baldachin, Decke, Dreieck, Haube, Rad, Röhre, Trichter, Sack, Schlauch

Samen sammeln

Alles im Überfluss

Typ: beobachten und forschen, mit Sinnen erfahren

Thema: Blumensamen finden und aufbewahren

Ziel: Schönheit der Natur erkennen

Jahreszeit: bedingt auch im Sommer möglich

Alter: ab 5 Jahre

Teilnehmerzahl: ab 1

Zeitaufwand: 15 Minuten, Langzeitprojekt, immer wieder sporadisch

Ort: Garten, Park, Wald, Wiese, Wasser

Material: Tütchen, Schälchen, Eimer, Lupe, Becherlupe, Marmeladengläser, Siebe, Tassen, Teller, Scheren

Ab dem Hochsommer tragen viele Wildstauden reife Samen (siehe Tabelle, S. 100). Generell beginnt die Samenreife bei Stauden ein bis sechs Wochen nach der Blüte. Man erkennt sie an einer bräunlichen Verfärbung der Samenhülle oder Kapsel. An Korbblütlern vertrocknen gleichzeitig die Blütenblätter. Es macht Riesenspaß, mit Kindern einige der reifen Samen zu sammeln und aufzubewahren, um sie vielleicht im kommenden Frühjahr auszusäen.

Gesammelt wird in Tütchen, Schälchen oder Döschen. Immer nur einige Samen abnehmen, der Rest gehört der Natur. Mit Scheren schneiden wir die Fruchtstände mit den Samen ab. Nebenbei betrachten wir einige der Samen durch die Lupe. Sämtliche Formen und Gestalten des Mikrokosmos sind eine Wunderwelt, noch besonders für Kinder. Manche Samen sind glänzend glatt, andere rau und voller eigenartiger Auswüchse. Wieder andere sind so geformt, dass sie fliegen können. So kommt es heraus: Jede Pflanzenart hat einen eigenen Samenbau.

Staudensämereien, besondere halbreif gepflückte, müssen auf dem schattigen Fensterbrett ein bis zwei Wochen nachtrocknen. Höhere Tassen oder Schalen sind geeignet, um auch springende Samen zu halten. Wenn alle Samen beim Schütteln aus den Samenhüllen oder Kapseln leicht herausfallen oder in ihren Samenbehältern deutlich hörbar rasseln, ist es gut. Befreien Sie jetzt mit den Kindern die Samen aus ihren Fruchtständen und Hülsen und von ihren Anhängseln. Dazu können die Kinder die trockenen Fruchtstände in der Hand zerbröseln, bei größeren und stacheligen Früchten (Natternkopf!) Handschuhe nicht vergessen. Mit Sieben verschiedener Größe lassen sich Samen von Stängeln und Hülsenteilen reinigen. Die Reste, die im Sieb bleiben, sollten an geeigneter Stelle draußen ausgestreut werden, denn darin steckt noch genug Saatgut. Obwohl man viele Arten (wie in der Natur) jetzt im Herbst aussäen kann, lohnt es sich, sie fürs Frühjahr aufzuheben. Dazu in Marmeladengläschen oder dicke Papiertüten luftdicht, kühl, trocken und dunkel aufbewahren. In der kommenden Saison brauchen wir sie wieder, zur Aussaat für unsere neuen Wildblumenbeete (siehe Wildblumenwiese anlegen, S. 80).

Erntezeit für Wildstaudensamen	
Name	Erntemonate*
Ackerglockenblume	ab 8
Wiesenflockenblume	8–10
Wegwarte	ab 8
Wirbeldost	9–11
Wilde Möhre	9–10
Karthäusernelke	9–11
Natternkopf	8–10
Wiesenstorchschnabel	7–9
Wiesenwitwenblume	7–10
Moschusmalve	7–10
Gemeine Nachtkerze	9–10
Wilder Majoran	10–11
Echtes Seifenkraut	9–10
Taubenskabiose	ab 8

*) 7 = Juli, 8 = August, etc.

Wildblumenverbreitung auf mageren Blumenwiesen

Verbreitung über Wind

Keine Flughilfe	(Glockenblume, Königskerze)	65 %
Schirmflieger	(Löwenzahn, Flockenblume)	13 %
Ballonflieger	(Storchschnabel, Hornklee)	6 %
Flügelflieger	(Taubenskabiose, Klappertopf)	4 %
Anhängselflieger	(Küchenschelle)	3 %

Verbreitung über Tiere

fleischige Köder für Ameisen	(Wiesenwitwenblume, Veilchen)	7 %
Haftorgane für Säugetiere	(Odermennig, Klette)	1 %

Samenflug-Wettbewerb

Land in Sicht

Typ: beobachten und forschen, mit Sinnen erfahren, spielen
Thema: Verbreitung von Wildblumen
Ziel: verschiedene Wege der Vermehrung erkennen
Alter: ab 10 Jahren
Teilnehmerzahl: ab 1
Zeitaufwand: 30 Minuten
Ort: Haus, Garten, Park, Wald, Wiese, Wasser
Material: Tütchen, Schälchen, Eimer, Lupe, Becherlupe, Marmeladengläser, Siebe, Tassen, Teller, Filmdöschen

Dieses Spiel ist ein schöner Zeitvertreib, bei dem man eine Menge über die Natur erfährt. Man braucht dazu verschiedene Samen von Wildblumen aus Garten, von Wegrand oder Brachflächen. Die einzelnen Arten müssen getrennt gesammelt werden, am besten jede Art in ein leeres Filmdöschen oder in eine Papiertüte. Als Spielfeld sucht man dann einen festen Platz (Fußweg, Einfahrt, Hausflur). Auf den Boden wird mit Kreide und Metermaß alle 10 cm ein Strich auf einer Strecke von zwei Metern gezeichnet. Das ist die Flugstrecke. Nun probieren die Kinder, wie weit die Samen einer Art fliegen, wenn man sie aus Kopfhöhe einfach fallen lässt. Das Flugergebnis wird gemessen und aufgeschrieben. Dann weht ein leichter Wind (ein Kind muss etwas pusten) und nimmt die Samen mit. Es folgt der starke Sturm (zwei Kinder blasen mit vollen Backen), usw. Nur bestimmte Samen schaffen es weiter, die meisten purzeln mehr oder weniger senkrecht zu Boden. Die Kinder betrachten nun die Samen zuerst mit dem bloßen Auge, dann mit der Lupe und überlegen, womit und ob sie überhaupt fliegen könnten. Gibt es Flughilfen wie Gleitflügel oder Schirme? Wer Spaß daran hat, kann versuchen, einige Samen aufzuzeichnen. Je mehr verschiedene Samen man detailliert betrachtet, umso mehr erfahren wir über die Geheimnisse der Samenverbreitung von Wildblumen. Und weil so wenig Samen fliegen können, müssen wir ihnen bei der Ausbreitung helfen. Die übrigen Samen an geeigneten Stellen im Garten oder am Straßenrand einsäen.

Mäuseleben

Micky Maus und ihre Freunde

Typ: beobachten und forschen, mit Sinnen erfahren, basteln, experimentieren
Thema: Mäuse finden und füttern
Ziel: Lebensweise von Mäusen verstehen
Jahreszeit: bedingt auch im Winter möglich
Alter: ab 5 Jahre
Teilnehmerzahl: ab 1
Zeitaufwand: ein Vormittag, sporadisch, Langzeitprojekt
Ort: Haus, Garten, Park, Wald
Material: 1-2 kg Getreidekörner (Weizen, Roggen, Reis), haltbare Lebensmittelfarben, Küchen- oder Briefwaage, Gläser/Tassen/Teller zum Färben und Trocknen, farbig markierte Stöckchen, eventuell Schaufel oder Spaten, Geduld

Wo sind sie denn, die Mäuse? Gibt es bei uns im Garten, an der Hecke oder im Wald überhaupt welche? Und was machen sie den ganzen Tag? Wo finden sie etwas zu fressen, wenn sie Hunger haben? Und: sammeln Mäuse Körner für den Winter? Fragen über Fragen, auf die es alle eine Antwort gibt. Heute forschen die Kinder einmal dem Leben der Tiere in Garten und Wald nach. Wir begeben uns hinaus zu den Mäusen.

Doch um etwas über Mäuse zu erfahren, müssen die Kinder sie erst einmal finden. Ja wo sind sie denn? Verstecken sich unter dem großen Asthaufen welche? Und wie ist das unter der Steinmauer? Ist das vielleicht ein Mauseloch? Ist es noch bewohnt? Wir werden es in einem Langzeit-Beobachtungsprojekt herausfinden.

Zunächst einmal geht es an die Vorbereitungen. Und die machen schon mindestens so viel Spaß wie die echte Erforschung des Mäuselebens. Die Kinder wollen die Mäuse nämlich gleichzeitig auch noch verwöhnen und dick und rund füttern. Also gibt es eine Extraportion Weizenkörner. Sie werden mit ungiftiger, aber haltbarer Lebensmittelfarbe präpariert. Bunt sind die Körner, nachdem sie die Getreidefärbefabrik der Kinder verlassen haben. Farben wie Rot, Blau, Grün oder Lila heben sich später am besten vom dunklen Erdreich ab. Damit färben wir 1-2 kg Körner und wiegen sie anschließend in 50-Gramm-Portionen ab. So viel geht gerade in ein halbes Trinkglas. Zunächst müssen die frisch gefärbten Körner aber ein paar Tage trocknen.

Inzwischen malen wir 25 cm lange Markierungsstöckchen rot an, schließlich wollen wir später einmal wissen, wo wir einen Körnerhaufen hingeschüttet hatten. Nachdem auch hier die Farbe getrocknet ist, kann die Sache an einem schönen Nachmittag beginnen. Abenteurersafari zu den Mäusebauen!

Überall dort, wo wir Mäuse oder einen Bau vermuten, schütten wir ein halbes Wasserglas gefärbter Körner auf einen Haufen. Das Markierungsstöckchen hilft uns, den Ort wiederzufinden. In einen Lageplan tragen wir die Orte ein oder schreiben sie auf.

Nun heißt es, Zeit mitbringen und Neugier! Welche der Haufen verschwinden zuerst? Je nach Lage kann es eine Nacht oder etliche Tage dauern. Ohne Markierungsstock findet man die Stelle nicht wieder. Je mehr Weizenkörner verschwinden, desto mehr Mäuse leben bei uns.

Außerordentlich Neugierige können nun intensivere Nachforschungen anstellen. Haben sie einen Mäusebau entdeckt, dann können sie den Gängen nachgra-
ben. Mit etwas Glück stößt man auf die gefärbten Getreidekörner im Erdreich, eingebunkert
in einer Vorratskammer. Wer will, kann die
Menge nachwiegen und feststellen, wie viel
Vorrat Mäuse für den Winter einsammeln. Die
Körner wieder zurücklegen und als kleine
Belohnung einen Extrahaufen auslegen.

Vielen Dank, liebe Maus, für den Besuch
in deinem Haus!

Vogelnester

Wer hat hier gewohnt?

Typ: beobachten und forschen
Thema: Vogelnester suchen
Ziel: Lebensweise von Vögeln verstehen
Jahreszeit: bedingt auch schon im Herbst möglich
Alter: ab 5 Jahre
Teilnehmerzahl: ab 2
Zeitaufwand: 15 Minuten, sporadisch
Ort: Garten, Park, Wald, Wiese
Material: Sammelbeutel, Zentimetermaß

Der freie Blick in Gebüsche, Hecken und Laubbäume fordert uns jetzt geradezu auf, verlassene Vogelnester zu suchen. Auch die Grasschicht und die bodenbedeckenden Kräuter sind nun bei weitem nicht mehr so undurchsichtig, als dass sie nicht hie und da eine verflochten-verwobene Nestkonstruktion preisgeben. Bei einem Abenteuerspaziergang (siehe S. 29) oder bei einem Suchausflug speziell zu diesem Thema halten wir in Garten, Park, Hecke oder Wald Ausschau. Vogelnester sind im Bau häufig sehr unspezifisch und damit schwer bestimmbar. Eine gewisse Hilfe bieten Nestgröße (Durchmesser abmessen), Nistort und einzelne Baumaterialien. Doch solange der Nestbesitzer nicht während der Brutzeit gesichtet wurde, bleibt vieles ungeklärt.

Im entlaubten Blauregen an der Hauswand findet sich ein überaus fein gebautes Vogelnest. Wieso haben wir den stillen Brüter nicht im Sommer bemerkt? Wir nehmen das Nest herunter und bestaunen es. Dabei stellen wir uns vor, wir hätten keine Hände und nur einen spitzen Schnabel. Und damit müssten wir Grashalme flechten, so zierlich, perfekt und wunderbar, wie dieser unbekannte Vogel. Die Ehrfurcht vor dem Meisterwerk wächst mit jeder Sekunde der Betrachtung.

Vögel und ihre Nester

Vogelart	Nistort	Größe in cm	Form	Baumaterial
Amsel	Büsche, Gebäude	30 x 21	Mulde	Zweige, Blätter, Lehm
Goldammer	Boden, Kräuter	22 x 16	Mulde	Gras, Halme
Grauschnäpper	Gebäude	19 x 14	flache Mulde	Gras, Moos, Haare
Grünfink	Bäume	20 x 15	Mulde	Äste, Gras
Kohlmeise	Höhle	17 x 13	tiefer Napf	Gras, Federn
Haussperling	Gebäude	22 x 16	Höhle, Halbhöhle	Gras, Federn
Kleiber	Höhle	20 x 15	sehr flache Mulde	Rinde, Blätter
Rotkehlchen	Gebäude, Büsche	19 x 15	Mulde	Gras, Federn
Star	Höhle	30 x 21	Mulde	Stroh, Gras, Federn
Zaunkönig	Büsche, Gebäude	17 x 13	Kugel	Zweige, Blätter, Haare

Wenn die Kinder ein Nest finden, können sie es vorsichtig aus dem Gezweig nehmen – es wird nicht mehr benötigt. Vielleicht wollen wir so ein Freibrüternest daheim noch ein wenig trocknen, anschauen und aufheben? Vergleichsweise einfach zu identifizieren sind die Nester von Höhlenbrütern wie Haussperling, Meisen oder Star. Bei der Gelegenheit könnten wir die Nistkästen gleich für's nächste Jahr saubermachen. Hierbei sollte man Handschuhe tragen, denn Höhlen sind voller Vogelparasiten.

Rohrkolben

Das große Pusten

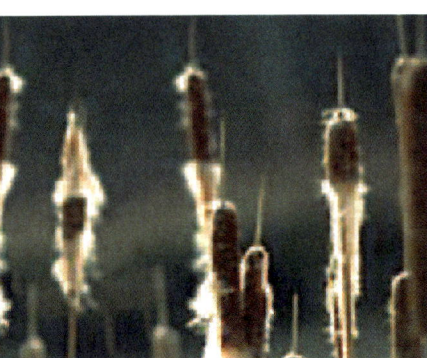

Typ: beobachten und forschen, mit Sinnen erfahren, spielen, basteln
Thema: Rohrkolbensamen untersuchen
Ziel: Verbreitung von Pflanzen verstehen
Jahreszeit: bedingt auch im Herbst möglich
Alter: ab 5 Jahre
Teilnehmerzahl: ab 2
Zeitaufwand: 5 Minuten
Ort: Wasser
Material: Sammelbeutel, Eimer, Lupe

Rohrkolben wachsen am Rande von Teichen, in Sumpfgebieten und in Gräben. Die braunen, pelzig weichen Kolben an den hohlen Rohren fühlen sich an wie edler Samt. Einmal drüber streichen und an die Wange halten. Doch hinter der samtenen Oberfläche steckt eine Riesenüberraschung. Der braune Kolben ist ab November brüchig geworden. Ein kleiner Ritz mit dem Taschenmesser oder mit Fingernägeln – und das Ding platzt auf. Es ist, als hätte man in ein prall gefülltes Federkissen gestochen. Im Inneren des Rohrkolbens hat sich ordentlicher Druck aufgebaut, der sich nun entlädt. Tausende und Abertausende von seidenweichen Haaren quellen heraus. Wenn man alle Haare aus einem Rohkolben herauspult, ergibt das einen großen Wassereimer voll. Bevor die ganze federleichte Pracht einfach weggepustet wird, schauen wir noch einmal genau hin, mit der Handlupe. Aber auch ohne Vergrößerung erkennt man winzigste Samen. Sie sind klein wie ein Bleistiftpunkt und braungefärbt. Die Samen hängen irgendwie an den Federhaaren dran. Oder hängen die Haare an den Samen? Dank unzähliger Flughaare werden die Samen leicht wie der Wind und fliegen mit ihm fort.

Also, dann mal kräftig pusten. Irgendein Samen wird sein Ziel schon erreichen und keimen. Eine kleine Warnung noch: Die feinen Haare kleben teuf-
lisch gut an Kleidern. Oder an Tieren, die wie Hirsch oder Wildschweine
durch Sümpfe ziehen. Das ist die zweite Art der Verbreitung. Mit einer
guten Bürste schafft man sich die Dinger allerdings doch vom Leib.

Karden-Igel

Stachelritter unterwegs

Typ: basteln
Thema: Kardenfrüchte verarbeiten
Ziel: Spieltiere basteln
Jahreszeit: bedingt auch schon im Herbst möglich
Alter: ab 5 Jahre
Teilnehmerzahl: ab 2
Zeitaufwand: 10 Minuten
Ort: Haus
Material: Sammelbeutel, Handschuhe, Gartenschere, Lupe, bunte Stecknadeln, Wilde Karden

Wohl dem, der Wildblumen im Garten hat. Er kann jetzt einfach hinausgehen und sich einige trockene Stängel der Wilden Karde (siehe Pflanzenporträt S. 58) abschneiden. Ansonsten findet man die wunderschönen Wilddisteln am Wegesrand, auf Schuttplätzen, auf Erdhaufen – überall da, wo noch vor einem Jahr blanke Erde zu sehen war. Denn die Wilde Karde ist eine Pionierpflanze, die im ersten Jahr nur eine Blattrosette bildet, um im zweiten Jahr zu blühen, zu fruchten und damit auch abzusterben. Beim Ernten der jetzt sehr harten Früchte brauchen die Kinder Handschuhe. Es sollten nur so viele Samenstände genommen werden, wie Sie tatsächlich brauchen, denn Karden dienen als wichtiges Vogelfutter für Distelfink und Grünfink. Die Igel aus Kardenfrüchten sind schnell gebastelt. Zwei Stecknadeln, die man neben den abgeschnittenen Stiel steckt, genügen als Augen und schon schnüffelt ein Iglein durchs Wohnzimmer. Falls beim Basteln hellbraune Samen aus der Karde purzeln, ist das eine gute Gelegenheit, die Lupe zu zücken. Diese Samen und übrigen Kardenfrüchte sollten nicht weggeworfen werden, sondern ins Winterfutterhaus gegeben werden (siehe Wintergäste am Vogelhaus, S. 109). Noch besser ist es, sie im Garten oder am Weg da auszustreuen, wo sie wieder keimen können. Oder Sie heben sie kühl und trocken auf für die Wildblumen-Anzucht im März (siehe Wildblumenwiese anlegen, S. 80).

Wintergäste am Vogelhaus

Vögel beobachten und bestimmen

Typ: beobachten und forschen,
mit Sinnen erfahren, basteln
Thema: Vögel ökologisch sinnvoll füttern
Ziel: Arten kennen lernen
Alter: ab 5 Jahre
Teilnehmerzahl: ab 1
Zeitaufwand: 1 Stunde, sporadisch, Langzeitprojekt
Ort: Garten
Material: Silofutterhaus, Körner- und Weichfresserfutter,
Meisenringe, Meisenknödel, Äpfel, getrocknete
Sonnenblumen oder Wilde Karden, Bestimmungsbuch
(Literaturtipp: s. Anhang)

„Juchu, es schneit!" Der erste Schnee im November oder Dezember ist auch der Startschuss für die Winterfütterung. Sie sollten sich darüber klar sein, dass Vogelfütterung kein Vogelschutz ist.

Wirklicher Vogelschutz wäre ein naturnaher Garten mit einer Vielzahl von Samen, Früchten und Insekten. Indem wir die Stauden im Herbst nicht abschneiden, bewahren wir natürliches Futter in Hülle und Fülle – für alle Arten, selbst die, die gar nicht ans Futterhaus kämen.

Mit künstlicher Fütterung locken wir hingegen häufige Arten heran, die aber sind nicht bedroht – auch wenn der Winter noch so gnadenlos sein sollte.

Doch auch die Gegenargumente sind stark: Für Kinder ist das Futterhaus in Fensternähe im Winter oft der einzige Kontakt zur Natur draußen. Sie würden Rotkehlchen und Gimpel, Kohlmeise und Kleiber sonst nie so nah sehen. Wenn Sie füttern, tun Sie das also für sich und die Kinder!

Sie können auf vielerlei Art füttern. Grundsätzlich sollten Sie das aber nur in wirklichen Notzeiten tun, also wenn Frost, Schnee und Eis eine natürliche Nahrungssuche erschweren oder gar unmöglich machen. Natürlich muss man den Kindern dabei helfen und ein Vogelfutterhaus kaufen oder basteln und sie bei der Ersteinrichtung unterstützen. Doch dann aber heißt es: Vogelfüttern ist der verantwortungsvolle Fürsorgejob der Kinder. Sie sind es, die ab und zu einen Apfel auslegen und so Amseln, Wacholderdrosseln, Meisen und Finken mit Nachschub versorgen. Allerdings sollte man die Auslegeorte ständig wechseln, um keine Krankheiten auszubreiten. Nicht zu viele Äpfel, sondern lieber nach und nach anbieten, damit immer etwas Frisches da ist.

Es gibt noch mehr natürliches Vogelfutter zur Selbstbedienung. So können wir im Keller aufbewahrte Fruchtstände von Sonnenblumen aufhängen, um Meisen und Finken zu verkösten. Gleiches ist mit Wilden Karden

möglich, die wir im Herbst zurückgelegt haben. Meisenknödel oder Meisenringe sind sehr nützlich, allerdings vornehmlich für Meise, Kleiber und Buntspecht, dazu noch manchmal für Zeisig oder Hänfling. Von heruntergefallenen Brocken profitieren allerdings Rotkehlchen, Feld- und Haussperling, Amsel, Buchfink und Wacholderdrossel. Bestens angenommen werden auch Nussstangen – in nahrhaftes Fett eingegossene und im Beutel gehaltene Nüsse.

Die meisten verkauften oder gebastelten Futterhäuser sind vogelschädlich. Hier wird das Futter flächig angeboten, was zur Verschmutzung mit Kot führt. So werden tödliche Salmonellen ausgebreitet, die sogar für Menschen eine Gefahr darstellen. Deshalb grundsätzlich Körner- und Weichfutter nie flächig ausstreuen, das gilt selbstverständlich auch fürs Erdreich.

Eine sinnvolle Alternative sind Silofutterhäuser, in denen Futter wie im Silo nachrutscht. Sie bieten nur immer so viel Futter an, wie tatsächlich gebraucht wird. Ist der Ansitzplatz nicht zu schmal, können sich auch nicht so gewandte Kletterer wie Rotkehlchen direkt bedienen. Da Meisen und Kleiber sehr viel Futter auf den Boden werfen, fällt für den Rest der Gäste am Futterhaus noch genügend ab.

Das Silofutterhaus wettergeschützt und katzensicher aufhängen. Keine Speisereste oder Brot geben, sondern nur Körnerfresserfutter, gemischt mit Futter für Weichfresser (Haferflocken). Im Frühling (März) auf jeden Fall mit dem Füttern aufhören und in milden Wintern ohne Schnee ganz darauf verzichten.

Jede Vogelbeobachtung sollte man vertiefen. Im Bestimmungsbuch kann man noch viel über das Verhalten der Vögel nachlesen. Außerdem kann man sich beim Bildergucken die Arten einprägen.

Wintergäste am Futterhaus

Folgende Arten finden sich am Futterhaus ein:
Dompfaff, Feld- und Haussperling, Kleiber,
Sumpf-, Weiden-, Tannen-, Kohl-, Blaumeise,
Amsel, Rotkehlchen, Buntspecht, Grün- und
Buchfink.

Spuren im Schnee

Spurenlesen nach Trapperart

Typ: beobachten und forschen, mit Sinnen erfahren
Thema: Tierspuren suchen und zuordnen
Ziel: Arten kennen lernen
Alter: ab 5 Jahre
Teilnehmerzahl: ab 1
Zeitaufwand: 1 Stunde, sporadisch, Langzeitprojekt
Ort: Garten, Park, Wald, Wiese, Wasser
Material: Bestimmungsbuch (Literaturtipp: s. Anhang)

Ein frischer atem(be)raubender Neuschneetag. Der etwas nasse Schnee pappt leicht an den Füßen. Ideal, um endlich hinter dem Ofen hervorzukommen und den Spuren der Natur zu folgen.

Spurenlesen ist etwas für Trapper. Also ziehen wir uns ordentlich warm an. Moonboots und Wintermantel. Dazu bekommen die Kinder noch einen dicken Schal umgebunden, Mütze auf, Handschuhe an – auf geht's. Doch halt, wir haben noch was vergessen, ein Spuren-Lesebuch. Auch wenn wir nicht alles wissen und manches darin nicht finden. Die vielen Zeichnungen von all den häufigen Abdrücken im Schnee und sonstigen Tierspuren helfen weiter.

Keine fünf Meter vor der Haustür wird unser indianischer Spürsinn schon auf eine erste Probe gestellt. Keine Frage, die schnurgerade Linie kleiner Pfoten, das kann nur eine Mietzekatze sein. Wahrscheinlich wieder der Stromer, meint ein Mädchen, der seinem Namen immer Ehre macht. Nachts jedenfalls. Wo die Katze weilt, kann die Maus nicht weit sein. Tatsächlich. Unter einem Haselnussbusch sieht man unzählige kleine Trippelspuren im Schnee. Kreuz und quer ziehen sich feine Spuren kleiner Füßchen durch unseren Garten.

Als nächstes entdecken wir den typischen Doppelklick eines unsteten Steinmarders. Schön sauber setzt er Vorder- und Hinterpfoten im Sprung nebeneinander auf. Aber offensichtlich war er zu anderer Zeit da, als Katze und Maus, denn deren Fährten verraten keine Reaktion, obwohl sich alle drei bis auf Meterabstand näher kamen.

Spuren lesen, heißt Geschichten erfinden. Von dem Katz-und-Maus-Spiel nächtens, von dem dünnen Marder mit dem dicken Fell und der ziemlichen Lust auf eine Haselnuss-Fleisch-Pastete à la Maus. Und dann natürlich vom Frust der Räuberseelen und der List kleiner netter Mäuse.

Damit uns nicht kalt wird, schlägt sich die Trapperfamilie quer in die Büsche. Wir spielen „Katze bei Nacht". Wer findet den Pfad der Samtpfotigen? Wer weiß, warum sie sich dort am Baumstumpf um die eigene Achse drehte? Und wer findet Anzeichen für etwas, was sie (vielleicht) erjagte? Das ist richtig spannend, mag der Garten noch so klein sein. Nebenbei finden wir noch heraus, wo Herr Stromer immer durch den Zaun kriecht, und wo er weiterzieht, zum Nachbarn. Selbst der Unterschlupf „unseres" Steinmarders bleibt nicht verborgen. Im Holzschuppen wohnt er, so nah!

Unter dem großen Apfelbaum entdecken wir im Laub ein paar pausbäckige Äpfel. Der Frost hat sie frisch gehalten. Eine nährende Speise für allerlei Getier, wie wir anhand der unzähligen Spuren befriedigt feststellen. Doch who is who?

Keine Frage, die Nagezähnchen deuten auf unsere Mäusefreunde hin. Aha, auch hier wohnen Herr und Frau Maus!

Und die tiefen, so richtig spitzen Löcher im Apfelfleisch? Die Nachwuchstrapper rätseln? Katze? Nein, frisst Äpfel nicht. Ein Fuchs? Der hätte den Apfel im Stück verschlungen. Dann Eichhörnchen? Aber wie soll ein Tier mit großen Nagezähnen Löcher in einen Apfel schlagen, wie vom mächtigen Eckzahn eines ausgewachsenen Serengetilöwens?

Bleiben folglich nur spitze Werkzeuge übrig? Richtig, ein Vogel war's. Doch wie hieß er? Vielleicht graugrüner Apfelhacker? Oder spitzbübischer Obstfresser? Es war eine Amsel.

Was bedeuten die schwarzen Erdhaufen, die selbst bei tiefstem Frost über Nacht aus Wiese und Feld auftauchen? Wer war's? Der mittelgroße Nasenbärling? Den gibt's doch gar nicht! Der hundsgemeine Stinkrüssler? Erfunden! Dann aber der kleine schwarze Erdkrümler! Jawohl, der war's. Manche Menschen nennen ihn auch noch Maulwurf! Und der verfügt über jene Bärenkräfte, einen 20 Zentimeter tief gefrorenen Boden mit seinem Rücken aufzusprengen und die Erde rauszuschieben, damit er weiter Gänge nach Regenwürmern graben kann. Einfach irre, was der vollbringt. Daheim im Haus probieren wir das gleich mal aus. Wir stellen uns auf die Trittleiter und versuchen mit dem Rücken ein Loch in die Decke zu stemmen. Und ganz offiziell taufen wir den kleinen schwarzen Erdkrümler den dicken strammen Max. Max, der Kraftprotz. Der Schrecken aller armen Würmer.

Und noch was machen wir. Wir beschließen: Bald geht's wieder raus. Spuren lesen. Man findet um diese Jahreszeit doch viel mehr Spuren und andere Hinterlassenschaften von Tieren als im Sommer.

Tierische Hinterlassenschaften

Visitenkarten der Wildtiere

Typ: beobachten und forschen, mit Sinnen erfahren
Thema: Kot und Gewölle suchen
Ziel: Tiere kennen lernen
Jahreszeit: bedingt auch schon im Herbst möglich
Alter: ab 5 Jahre
Teilnehmerzahl: ab 1
Zeitaufwand: 5-10 Minuten, sporadisch, Langzeitprojekt
Ort: Garten, Park, Wald, Wiese, Wasser
Material: Lupe, Bestimmungsbuch
(Literaturtipp: s. Anhang)

Der Winter macht es uns leichter: Hin und wieder stoßen Sie bei Ihren Streifgängen durch die Natur wahrscheinlich auf Hinterlassenschaften von Säugetieren (Kot) oder Vögeln (Gewölle). Sehr viele unserer Säugetiere haben die Eigenart, mit Kot ihr Wohngebiet zu markieren. Markieren heißt: sichtbar machen. Das ist für Sie und die Kinder eine Hilfe, denn durch das Ablegen des Kotes auf Steinen oder anderen exponierten Orten, werden auch Sie schneller fündig. Das gilt vor allem für Raubtiere wie Marder, Iltis, Wiesel und Fuchs. Sie produzieren meist längliche, schraubig gedrehte und an einem Ende deutlich zugespitzte Kotwürstchen, die frisch intensiv nach Raubtier riechen. Nagetierkot hingegen ist eher pillenförmig (Hase, Kaninchen, Eichhörnchen), ebenso wie der von Rehen oder Hirschen. Bei Gewöllen handelt es sich dagegen um ausgespuckte unverdauliche Nahrungsreste in meist ovaler Form. Gewölle finden sich etwa von Eulen, Mäusebussard, Krähen oder Möwen. Mit einem Tierbestimmungsbuch kann der Neugierige viel erfahren. Und wenn die Kinder mutig genug sind, den Kot einmal mit Hilfe zweier Stöckchen in seine Bestandteile zu zerlegen, erweitert sich ihr Horizont noch stärker: Knochenreste, Käferflügel, Haare, Kirschkerne verraten die Ernährung des Tieres und oft auch das Tier selbst.

Fraßmuster an Baumrinde

Heimliche Nager

Typ: beobachten und forschen
Thema: Tote Rinde untersuchen
Ziel: Tiere kennen lernen
Jahreszeit: bedingt auch schon im Herbst möglich
Alter: ab 5 Jahre
Teilnehmerzahl: ab 1
Zeitaufwand: 5-10 Minuten, sporadisch, Langzeitprojekt
Ort: Garten, Park, Wald
Material: Lupe, Bestimmungsbuch
(Literaturtipp: s. Anhang)

Wer kommt schon auf die Idee, von einem morschen Baumstamm die Rinde abzulösen? Das können nur Kinder sein. Die aber tun es mit großer Begeisterung. Fügen Sie doch einfach noch einen Forschungsauftrag hinzu und fragen: Welche Tierspuren finden sich in und an totem Holz? Die besten Ergebnisse bekommen die Kinder, wenn sie größere Rindenstücke im Ganzen ablösen und sie dann von der Innenseite betrachten. In fast jedem Rindenstück und manchmal auch auf dem zurückgelassenen Holz offenbaren sich mehr oder weniger deutliche Fraßgänge. Es handelt sich um die Larvengänge Totholz abbauender Käfer wie des Borkenkäfers. Die Larve frisst sich durch Rinde und hinterlässt Kot aus Sägemehl. Kann man einen Gang länger verfolgen, sieht man, wie er mit wachsendem Umfang der Larve dicker wird. Und manchmal finden sich sogar noch Larven, unscheinbare weiße Maden, in den Gängen. Am Ende eines Ganges kann man schließlich auf verpuppte Käfer oder abgestorbene Puppen treffen. Es gibt eine Vielzahl an Käferarten im Totholz, die teilweise sehr schöne symmetrische Fraßbilder erzeugen: Großer Waldgärtner, Kiefernborkenkäfer, Buchdrucker, Kupferstecher, Fichtenbastkäfer. Mit etwas Glück stoßen die Kinder bei ihrem Forschungsprojekt auch auf die Spuren der Käferjäger: ausgemeißelte Löcher von Buntspecht und Co.

Asthaufen

Leben im Gestrüpp

Typ: beobachten und forschen, mit Sinnen erfahren, basteln
Thema: Asthaufen aufschichten
Ziel: Tieren helfen
Jahreszeit: bedingt auch schon im Herbst möglich
Alter: ab 5 Jahre
Teilnehmerzahl: ab 1
Zeitaufwand: 30 Minuten
Ort: Garten, Park, Wald
Material: Äste und Reisig, Bestimmungsbuch
(Literaturtipp: s. Anhang)

In Herbst und Winter werden viele Hecken geschnitten. Vielerorts wird der Strauchabfall im aufwendigen energiefressenden Einsatz verhäckselt oder kommt – noch schlimmer - in die grüne Tonne. Das können wir besser und vor allem lebendiger. Mit den Kindern können Sie Gartenbesitzern vormachen, wie man umweltfreundlich gärtnert und dabei gleichzeitig Leben schafft. Dafür reservieren Sie an einer Ecke des Grundstückes einige Quadratmeter Platz für die Zukunft. Das kann inmitten der Hecke sein oder an einer bislang freien Stelle, im Schatten oder in der Sonne. Mit den Kindern werden nun vom Grundstück oder in der Nachbarschaft heruntergefallene Äste und Reisig gesammelt und zu einem 1-2 m hohen Haufen aufgeschichtet. Nun braucht man nichts anders zu tun, als zu warten, denn im Laufe von 2-3 Jahren häckselt Mutter Natur den Haufen zu fruchtbarer Erde. Davon aber leben unzählige Tiere. Überlegen Sie mit den Kindern, welche das sind und schauen Sie sich diese Tiere in Büchern an. So ist unser Reisighaufen beispielsweise Brutplatz und Futterstation für Zaunkönig, Heckenbraunelle oder Rotkehlchen, Unterschlupf für Erdkröte, Grasfrosch, Laufkäfer, Blindschleiche und Überwinterungsinsel für unzählige Insekten.

Wem der pure Haufen Äste zu langweilig ist, der pflanze daneben einen Jelängerjelieber oder das Waldgeißblatt. Und dann sollten Sie nicht vergessen, jedes Jahr neue Äste draufzulegen. Die Kletterpflanzen machen das Wachstum mit und blühen obenauf.

Pflanzenporträt

Zimtrosen einmal näher betrachtet

Zimtrosen gehören zu den schönsten der heimischen Wildrosen. Doch kaum ein Mensch kennt sie und deshalb findet man sie auch selten in Gärten wieder. Dabei vereint die Mairose, wie sie auch heißt, ungeahnt nützliche Eigenschaften: Sie wächst auf jedem durchschnittlich nährstoffreichem Gartenboden. Sie verträgt Halbschatten. Und: Als Einzige unter den Wildrosen toleriert sie feuchte Füße. Der Name spielt auf die zimtfarbenen Triebe an, ein schöner Winterschmuck. Mit der Zeit macht sie dank ihrer Verästelungen dichte undurchdringliche Gebüsche von 1–1,5 m Höhe, eine beliebte Abgrenzung. Die kleinen Dornen sind für Kinder vergleichsweise ungefährlich, weswegen Zimtrosen auch in Kindergärten Einzug gehalten haben. Und was den Wert für Tiere angeht, da sind die heimischen Wildrosen durch nichts zu übertreffen. Zimtrosen und andere kleine Arten gehören nicht nur in Gärten, sondern in jede Hecke (siehe Wildsträucher pflanzen, S. 119). Allerdings bekommt man sie nur bei speziellen Wildpflanzenproduzenten, noch nicht im Gartencenter.

Kleine Wildrosen für den Garten				
Deutscher Name	Botanischer Name	Blütemonat*	Blütenfarbe	Höhe in cm
Zimtrose	Rosa majalis	5–6	tiefrosa	1–1,5 m
Bibernellrose	Rosa pimpinellifolia	5–6	cremeweiß	1–1,5 m
Filzrose	Rosa tormentosa	6–7	hellweiß	1–2 m

*) 5 = Mai, 6 = Juni, etc.

Wildsträucher pflanzen

Hecken zum Verstecken

Typ: beobachten und forschen, mit Sinnen erfahren, basteln

Thema: Wildsträucher oder Hecke pflanzen

Ziel: Lebewesen schützen, Erlebnisraum schaffen

Jahreszeit: ebenso im Herbst, bedingt auch im Frühling möglich

Alter: ab 5 Jahre

Teilnehmerzahl: ab 1

Zeitaufwand: 2 bis 6 Stunden

Ort: Haus, Garten, Wald, Wiese, Wasser

Material: heimische Wildsträucher, Gartenschere, Spaten, Schaufel

Es gibt wenig Dinge, die man mit Kindern tun kann, die so zukunftsgerichtet und uneigennützig sind, wie das Pflanzen von Sträuchern und Bäumen. Gewiss ist: Die gesetzten Exemplare werden erst dann richtig in Blüte und Frucht gelangen, wenn Kindergartenkinder längst zu Schülern geworden sind oder Schüler junge Erwachsene. Umso wichtiger ist dieses Zukunftswerk. Doch geht es hier nicht allein um die symbolische Handlung des Pflanzens, sondern auch um dessen Wert. Und so ist es diesmal eben keine Forsythie, kein Rhododendron und keine Thuja Marke Gartencenter, sondern ein heimischer höchstlebendiger Wildstrauch oder gar eine kleine oder große Hecke daraus. Die Faustregel der Ökologen lautet: Im Schnitt ernährt jede heimische Wildpflanze 10 Tierarten. Bei den meisten Heckensträuchern wird diese Zahl vervielfacht: Von Weiden leben über 200, vom Weißdorn mehr als 160, von Wildrosen mehr als 110 Insektenarten. Wir pflanzen also pures Leben. Organisieren Sie doch einmal einen Hecken-Pflanznachmittag und laden zu den Kindern auch noch ein paar Eltern ein. Was und welche Sträucher gepflanzt werden, hängt vom Standort und den Ansprüchen ab.

Und hier ein paar Praxistipps:
Der Herbst und frostfreie Wintertage sind günstigere Pflanztermine als das Frühjahr. Schwachwüchsige, kleine Arten (Kleingehölze) werden in 0,3–0,5 Meter Abstand gepflanzt. Kräftiger wachsende Sträucher können in etwa 1 Meter bis 1,5 Meter Abstand gesetzt werden. Sehr konkurrenzstarke Arten dürfen 1-3 Meter Abstand zu den nächsten Sträuchern haben. Wer die Sträucher in zu großem Abstand pflanzt, muss mit langen Wartezeiten rechnen, bis sich die Hecke schließt. Das hätte andererseits den Vorteil, dass Kinder lange Zeiten Spielgebüsche bekommen. Den Schwarzen Holunder bekommt man in jeder Baumschule. Die Wildform der Bibernellrose aber nicht. Die Filzrose auch nicht. Und erst recht nicht den Schwarzen Geißklee und den Kopfginster. Je seltener die Wildstraucharten sind, desto unwahrscheinlicher sind sie über den normalen Handel erhältlich. Wildsträucherfans mit speziellen Vorlieben landen deswegen über kurz oder lang bei Wildpflanzenproduzenten (s. Adressenteil). Dort bekommt man tatsächlich alles – per Post. Im Buch NaturErlebnisRäume finden sich viele konkrete Pflanzbeispiele.

Robuste Wildgehölze für intensive Bespielung

Deutscher Name	Botanischer Name	Verwendung
Feldahorn	Acer campestre	Früchte als Nasenklemmer, klettern
Sommerflieder	Buddleia davidii	Duftstrauch, Schmetterlingsmagnet
Hainbuche	Carpinus betulus	Propellerfrüchte, Stöcke, Bögen, klettern
Strauchkronwicke	Coronilla emerus	Versteck, Peitschen
Roter Hartriegel	Cornus sanguinea	Stöcke, Ruten zum Flechten
Haselnuss	Corylus avellana	essbare Früchte, Pfeil, Bogen, Stöcke
Gemeiner Liguster	Ligustrum vulgare	Peitschen, Ruten zum Flechten
Rote Heckenkirsche	Lonicera xylosteum	Versteck
Wilder Pfeifenstrauch	Philadelphus coronarius	Versteck
Felsenkirsche	Prunus mahaleb	Stöcke, klettern
Gewöhnliche Traubenkirsche	Prunus padus	Stöcke, Bauholz, klettern
Faulbaum	Rhamnus frangula	Versteck
Bergjohannisbeere	Ribes alpinum	Versteck
Silberweide	Salix alba	Bauholz, Ruten zum Flechten
Ohrweide	Salix aurita	Versteck, Ruten zum Flechten, Flöten
Grauweide	Salix cinerea	Bauholz, Ruten zum Flechten, Flöten
Reifweide	Salix daphnoides	Bauholz, Ruten zum Flechten, Flöten
Lavendelweide	Salix eleagnos	Bauholz, Ruten zum Flechten, Flöten
Lorbeerweide	Salix pentranda	Bauholz, Ruten zum Flechten, Flöten
Purpurweide	Salix purpurea	Bauholz, Ruten zum Flechten, Flöten
Mandelweide	Salix trianda	Bauholz, Ruten zum Flechten, Flöten
Korbweide	Salix viminalis	Bauholz, Ruten zum Flechten, Flöten
Schwarzer Holunder	Sambucus nigra	Essbare Blüten/Früchte, Blasrohre, klettern
Roter Holunder	Sambucus racemosa	Essbare Früchte, Blasrohre
Vogelbeere	Sorbus aucuparia	Bogen, Stöcke
Gemeiner Schneeball	Viburnum opulus	Versteck, Pfeile, Speere

Wildblumen säen

Mit Liebe zur Erde

Typ: beobachten und forschen, mit Sinnen erfahren, basteln

Thema: Wildblumen aussäen und anziehen

Ziel: Lebewesen schützen

Jahreszeit: ebenso im Frühling möglich

Alter: ab 5 Jahre

Teilnehmerzahl: ab 1

Zeitaufwand: 1-2 Stunden, regelmäßig, Langzeitprojekt für 2-3 Monate

Ort: Haus, Garten

Material: Saatgut von heimischen Wildpflanzen, Anzuchterde, Töpfchen, Frischhaltefolie, Gießkännchen, evtl. Literatur zum Thema (Literaturtipp: s. Anhang)

Vielleicht haben Sie fleißig Samen gesammelt. Falls nicht, können Sie bei einem Fachbetrieb für Wildsaatgut einige Portionen einkaufen. Durch das Säen von Wildblumen, die später in Töpfen vereinzelt und bis zum Auspflanzen großgezogen werden, sorgen Sie für die Zukunft. Das ist eine Sache, bei der Verantwortung notwendig ist und übernommen werden kann. Das macht allen Kindern Spaß, vor allem, wenn sie sehen, wie es unter ihren Händen keimt und sprießt. Ein guter Zeitpunkt für den Beginn der Anzucht ist der März. Entweder kaufen Sie Anzuchterde in der Gärtnerei oder mischen selbst welche aus Sand und sterilem Kompost. Sie geben die Erde in Anzuchtgefäße (12–14 cm Töpfe), streuen das Saatgut einer Art in einen Topf und überdecken es etwa so hoch mit Sand wie die Samen dick sind. Stellen Sie die Töpfe, überzogen mit einer Frischhaltefolie an einen warmen Platz auf einer lichten Fensterbank und halten Sie sie gut feucht. Nach 2-3 Wochen, manchmal auch schon früher, kann man die Spitzen der ersten Keimlinge sehen. Vereinzeln Sie sie in viele weitere Töpfe mit Anzuchterde, sobald sie 2-5 cm lang sind.

Wenn es draußen wärmer wird, stellen Sie die Pflanzen zum Abhärten nach draußen und pflanzen sie schließlich ab April/Mai in vorbereitete Wildblumenbeete (siehe Wir helfen den Schmetterlingen, S. 47). Wer es genauer wissen will, findet im Buch „Wildpflanzen für jeden Garten" (s. Anhang) wertvolle Hinweise.

Schnellkeimende Wildblumen zum Säen

Folgende Arten keimen schnell und unproblematisch innerhalb von 2-3 Wochen.

Dauerlein	Färberkamille
Glockenblumen	Habichtskräuter
Königskerzen	Mohn
Nachtkerze	Ochsenauge
Pechnelke	Taubenkropfleimkraut
Wiesenmargerite	Wildnelken

Singvögel im März

Alle Vögel sind nicht da

Typ: beobachten und forschen, mit Sinnen erfahren
Thema: Vogelwelt im Vorfrühling
Ziel: Singvögel kennen lernen
Alter: ab 5 Jahre
Teilnehmerzahl: ab 1
Zeitaufwand: 15 Minuten, regelmäßig, Langzeitprojekt für 6 Wochen
Ort: Garten, Park, Wald
Material: Fernglas, Vogelstimmen-CD, etwas Geduld, Bestimmungsbuch (Literaturtipps: s. Anhang)

Der März öffnet Perspektiven, für jung und alt. Da sind zunächst die immer noch kahlen Bäume und Gebüsche, die schon vier Wochen später ergrünen und undurchsichtig werden. Sie erlauben, das Rotkehlchen selbst noch im dichten Dornendickicht der Wilden Berberitze zu erkennen. Zudem haben Sie und die Kinder das noch sehr übersichtliche Spektrum der Überwinterer vor sich, mit etwas über einem Dutzend häufigeren Arten im Gartenbereich. Wenn Sie die Ohren spitzen, können Sie sich zudem leiten lassen von den jetzt immer kräftiger werdenden Vogelstimmen. Und letztlich bringt jeder neue Tag mit der Kraft der aufsteigenden Sonne ein bis zwei Minuten mehr Licht mit sich.

Ein noch nicht so ganz warmer, aber schon spürbar sonniger Märzmorgen eignet sich besonders gut für die Vogelbeobachtung. Das Fernglas ist dabei, es reicht ein einfaches Glas mit einer Vergrößerung von 8 x 30. Garten und Park sind schon gute Pirschreviere für Vogelbeobachter. In den Bäumen und Büschen können Sie Meisen turnen sehen, Blau- und Kohlmeisen zumeist. Sehr auffällig und gut zu beobachten ist die Amsel. Entweder im Geäst, viel eher aber auf Futtersuche am Boden, im Tauziehen mit

Regenwürmern oder im Laub stöbernd. Die Männchen sind hübsch tief-schwarz gefärbt, mit dem charakteristischen gelblichen Schnabel. Die Damen aber kleiden sich inklusive Schnabel in unauffälliges Braun. Sie haben schließlich die Last des Ausbrütens zum größten Teil zu tragen. Und das ist nun mal ein gefährlicher Job, denn auch Steinmarder haben Hunger. Die Amselmänner flöten vor allem abends und morgens wunderbare Melo-dien. Bleiben Sie mit den Kindern ruhig eine Weile lauschend stehen. Wäre es nicht so ein häufiger Vogel, der von jedem Dachfirst zu hören ist, würde man diesen Gesang wie den der Nachtigall suchen. Zuweilen sieht man jetzt schon Amselmänner um eine imaginäre Grenze hin- und herstreiten. Mit lautem Gezeter versuchen sie schon Brutreviere abzustecken.

Fast überall begegnet man dem Zaunkönig. Er ist der kleinste Gebüsch-bewohner, der im pfeilschnellen Flug meist in Bodennähe unterwegs ist. Asthaufen sind sein Lieblingsquartier, dort findet man ihn immer. Der senkrecht aufgestellte Schwanz ist deutliches Erkennungszeichen! Und wenn man ihn nicht sieht, hört man ihn! Sein markerschütternder Schmet-terruf schallt einige hundert Meter weit. Und das bei einem Tier, von dem erst zwei einen Standardbrief von 20 Gramm ausmachen. Wir schauen uns im Vogelbuch später noch mal den König der Zäune an. Vielleicht fällt Ihnen oder den Kindern dazu ja auch gleich eine schöne Geschichte ein: *„Es war einmal ein König...“*

Die roten Kehlen machen es leicht, die Rotkehlchen zu finden, wenn die Kinder wissen wollen, wo die sich singend verstecken. Denn der hohe, wunderbar feinperlende Gesang der Rotkehlchen ist jetzt schon oft zu hören. Das Rotkehlchen lässt sich – anders als der wuselige Zaunkönig – auch für Kinder gut mit dem Fernglas finden, weil es so schön lange ruhig sitzen bleibt.

Sänger im Überblick

Im März finden wir im Gartenbereich folgende Arten:

Amsel	Distelfink	Kohlmeise	Star
Blaumeise	Dompfaff	Haussperling	Sumpfmeise
Buchfink	Grünfink	Rotkehlchen	Tannenmeise
Buntspecht	Kleiber	Singdrossel	Zaunkönig

Häufig tut es sogar ein Blick aus dem Fenster, weil noch kein Laub die Sicht versperrt. Je höher man da wohnt, umso näher hat man Drossel, Fink und Star vor sich. Stare ziehen allmählich das Hochzeitskleid an und flöten recht schön, um Werbung für sich zu machen. Den Kleiber können Sie am graublauen Oberkleid erkennen und dem gelblich-orangenen Frack. Er wieselt kopfüber, kopfauf die Stämme ab, immer auf der Suche nach einem frechen Spinnlein oder der Raupe, die meint, es wäre schon Frühling, und vorwitzig den Kopf rausstreckt. Und Buchfinken hüpfen bequem auf dicken Ästen oder suchen am Boden nach Sämereien. Zusammen mit den Grünfinken gehören sie zu den häufigsten Gästen im Grün. Auch Haussperlingen kann man hin und wieder begegnen. Wenn die Kinder noch Buntspecht, Dompfaff und Distelfink entdecken, haben sie die wichtigsten Gefiederten um diese Zeit gesehen.

Und wenn die Kinder dann zuhause noch einmal den einen oder anderen Vogel im Buch anschauen oder seine Stimme von CD erschallen lassen, wissen die Kinder bald mehr Vögel zu unterscheiden, als die meisten Erwachsenen hierzulande.

Adressen

BUND Jugend
Am Köllnischen Park 1A
10179 Berlin
Tel: 030 / 275 86 50
Fax:030 / 275 86 55
www.bundjugend.de
Die Jugend im Bund für Umwelt und Naturschutz
Deutschland.
Viele Kindergruppen.

Jugendorganisation Bund Naturschutz
Trivastraße 13
80637 München
Tel: 089 / 15 98 96-30
www.jbn.de
Wie BUND Jugend,
nur in Bayern.

Naturschutzjugend (NAJU)
Postfach 30 10 45
53190 Bonn
Tel: 02 28 /40 36-190
Fax:02 28 /40 36-201
www.naju.de
Jugendorganisation des Naturschutzbundes Deutsch-
land und des Landesbundes für Vogelschutz in Bayern.
Viele Kindergruppen.

Arbeitsgemeinschaft Natur-
und Umweltbildung e.V.
(ANU c/o LBV)
Eisvogelweg 1
91161 Hilpoltstein
Tel: 0 91 74 / 47 75-79
www.umweltbildung.de
Bundesverband der Arbeitsgemeinschaft Natur- und
Umweltbildung e.V.

Naturgarten e.V.
Verein für naturnahe Garten-
und Landschaftsgestaltung
Kernerstr. 64
74076 Heilbronn
Tel. 0 71 31 / 649 99 96
www.naturgarten-verein.de
Kostenlose Beratung an
20 Naturgarten-Telefonen. Geprüfte Fachbetriebe für
naturnahes Grün. Adressenliste von Naturgarten-
Experten und Wildpflanzenproduzenten.

Empfehlenswerte weiterführende Literatur

BANG, PREBEN / DAHLSTRÖM, PREBEN: Tierspuren; Fährten, Losungen, Gewölle und andere, BLV, München.

BARTHEL, PETER H. / FRIELING, HEINRICH / ROCHÉ, JEAN C.: Was fliegt und singt denn da?, Kosmos, Stuttgart.

CHINERY, MICHAEL: Pareys Buch der Insekten; Ein Feldführer der europäischen Insekten, Parey, Berlin.

CLAYBOURNE, ANNA: Das Kosmos-Buch der Erde; Von Arktis bis Zyklop, Kosmos, Stuttgart.

JOSEPH CORNELL: Mit Kindern die Natur erleben, Verlag an der Ruhr, Mülheim.

ENGELHARDT, WOLFGANG: Was lebt in Tümpel, Bach und Weiher?; Pflanzen und Tiere unserer Gewässer, Kosmos, Stuttgart.

FITTER, RICHARD / FITTER, ALASTAIR / BLAMEY, MARJORIE: Pareys Blumenbuch; Blütenpflanzen Deutschlands und Nordwesteuropas, Parey, Berlin.

HARZ, KURT: Bäume und Sträucher; Blätter, Blüten, Früchte der heimischen Arten, BLV, München.

HICKMAN, PAMELA: Ein Frosch wird groß, Kosmos, Stuttgart.

LBV: Das große LBV Natur-Kinder-Garten-Buch, Landesbund für Vogelschutz Bayern, Hiltpoltstein.

LBV: Naturerlebniskoffer. Über 100 Spielanleitungen und Experimente, Landesbund für Vogelschutz Bayern, Hiltpoltstein.

LBV: Kindergarten-Schatzkiste. Über 100 Spielanleitungen und Experimente, Landesbund für Vogelschutz Bayern, Hiltpoltstein.PAPPLER, MANFRED/WITT, REINHARD: NaturErlebnisRäume; Neue Wege für Schulhöfe, Kindergärten und Spielplätze, Kallmeyer, Seelze.

STICHMANN-MARNY, URSULA / KRETZSCHMAR, ERICH:
Der neue Kosmos Tier- und Pflanzenführer, Kosmos, Stuttgart.

WITT, REINHARD: Ein Garten für Schmetterlinge; Schmetterlinge ansiedeln und erleben, Kosmos, Stuttgart.

WITT, REINHARD: Ein Garten für Vögel, Kosmos, Stuttgart.

WITT, REINHARD: Der NaturGarten; Lebendig, schön, pflegeleicht, BLV, München.

WITT, REINHARD: Wildpflanzen für jeden Garten; 1000 heimische Blumen, Stauden und Sträucher. Anzucht, Pflanzung, Pflege, BLV, München.

Weitere Informationen über den Autor und seine Bücher erhalten Sie unter:

www.reinhard-witt.de